Gast-Häuser und historische Hotels
Schweiz

Gast-Häuser
und
historische Hotels
Schweiz

3. Auflage

Thomas Plaichinger
(Text und Fotografie)

HOFFMANN VERLAG

Die Deutsche Bibliothek - CIP-Einheitsaufnahme

Plaichinger, Thomas:
Gast-Häuser und historische Hotels Schweiz /
Thomas Plaichinger (Text und Fotogr.).
- 3. Aufl. - Gerlingen : Hoffmann, 2002
ISBN 3-927109-91-6

www.hoffmann-verlag.de
3. Auflage, ergänzt und korrigiert
Herstellung: Memminger MedienCentrum

Recherchen der Koordinaten durch:
© Geopositions Service
Günter C. Latz, Monschauer Weg 36, 50374 Erfstadt
Tel. (0 22 35) 92 44 29, Fax (0 22 35) 92 44 20
E-mail: glatz@guenterlatz.de

Titelabbildung: Schlosshotel Chastè, Tarasp, Beschreibung S. 233

Die diesem Buch beigefügte Karte kann gegen eine Schutzgebühr von € 1,60 angefordert werden bei:
Hoffmann Verlag GmbH, Postfach 10 01 23, 70826 Gerlingen.

ISBN 3-927109-91-6

In einem Land wie der Schweiz, das in seiner heutigen politischen Form länger existiert als die meisten anderen europäischen Länder, steckt die Gegenwart natürlich auch voller Vergangenheiten. Viele Spuren haben hier schon deswegen überdauert, weil sie - seit dem Sonderbundskrieg 1847 - keine Kriegswirren mehr zu überstehen hatten. Andererseits waren auch in der Schweiz die 50er und 60er Jahre des 20.Jahrhunderts eine Zeit des Wohlstands, des Umformenwollens, und auch hier hat der Siegeszug der Moderne in Kunst und Architektur so manches aus dem Weg geräumt, das - hätte es bis heute überdauert - inzwischen unter Denkmalschutz stünde und liebevoll erhalten geblieben wäre. Auch hier haben die Gesichtslosigkeiten der Moderne Landschaften verändert und Urlaubsziele geprägt.

Doch gerade in den wenigen Wochen, in denen das Auge offener ist als im Rest des Jahres und müssiggeht, kommen ganz andere Verlangen zum Tragen, als im Alltag. Und auch wenn die Schweiz wohl als eine der Wiegen des Tourismus gelten darf, gibt es hier noch zahllose Orte, an denen die Zeit scheinbar spurlos vorübergegangen ist und an denen der behutsame Umgang mit den Zeugnissen der Vergangenheit sich auch auf die Spuren der Alltagskultur erstreckt, die doch oft viel deutlicher und aussagekräftiger sind, als die grossen Sehenswürdigkeiten oder Museen eines Landes.

Wie unsere anderen auf die Historie bedachten Führer, so ist auch dieses Buch kein Gourmet-Führer mit Bewertungen, Sternen, Mützen und anderen Ordensabzeichen, sondern der Versuch, einige jener Häuser in der Schweiz zu beschreiben, die sich hervortun durch diesen behutsamen Umgang mit dem Vergangenen. Auch hier ist das Spektrum weit gespannt und umfasst einfache Landgasthöfe ebenso wie prunkvolle Schlösser mit herrschaftlichem Ausblick übers Land, oder die gerade in der Schweiz im vorigen Jahrhundert zu besonderer Blüte gelangten elegant-prachtvollen Palasthotels der luxuriöseren Urlaubsziele.

Wichtig war uns dabei vor allem die ungebrochene Atmosphäre in einer traditionellen Umgebung. Sicher haben wir vereinzelt auch „Grenzfälle“ aufgenommen, bei denen dann eine besonders schöne Gaststube, ein liebenswertes „Säli“,

ein insgesamt vielleicht eher unpersönliches Ensemble aufwiegt. Wichtig war uns natürlich auch die allgemeine Qualität des Empfanges. Eines hat uns dabei ganz besonders gefreut: die grosse Freundlichkeit und Geduld, der wir fast überall begegneten - obwohl wir in der Hauptreisezeit unterwegs waren und auch in der Schweiz der Personalmangel eines der grossen Probleme des Gastgewerbes ist.
Dafür können wir uns nur ganz herzlich bedanken!

Sicher ist es wichtig zu erwähnen, dass die Aufnahme in dieses Buch völlig unentgeltlich erfolgt! Wir stellen keine bezahlte Werbebroschüre her. Und natürlich kann und will unsere Auswahl auch keinen Anspruch auf Vollständigkeit erheben. Sie ist eine eher subjektive Zusammenstellung jener Häuser, die uns besonders gefielen. Andere Häuser fehlen vielleicht, obwohl sie dringend Aufnahme in ein solches Buch verdienten. Dies liegt dann vielleicht daran, dass wir sie noch nicht kennen oder sie noch nicht besuchen konnten. Schon deshalb freuen wir uns auf Ihre Hinweise, denen wir bestimmt nachgehen werden. Ein Grossteil gerade der in ländlicheren Gebieten liegenden Häuser würde auch zu einem längeren Aufenthalt einladen. Da aber viele eben dieser Häuser recht kleine Zimmerkapazitäten aufweisen, ist eine vorherige Reservierung in jedem Fall ratsam!

Auch für die Schweiz gilt, dass eine unbekannte Landschaft sich dem Reisenden schneller erschliesst, wenn er nicht nur die Menschen und ihre Lebensgewohnheiten und Gebräuche kennenlernt, sondern auch die Spuren ihrer Vergangenheit zu lesen lernt. Gerade in der Schweiz, deren Landschaften vielen Reisenden oft von vornherein vertraut vorkommen mögen, ist es interessant, hinter die Oberfläche zu schauen. Erst dann werden dem ausländischen Besucher die Besonderheiten des Landes wirklich bewusst - und der Schweizer Reisende lernt seine vielgesichtige Heimat besser kennen, die Geschichte sowie die Komplexität eines Alltags zwischen mehreren Sprachen, ja gar mehreren Kulturen.
Um dieses Eintauchen in die Materie etwas zu erleichtern, setzen wir bei vielen Häusern kleine kunsthistorische Tips ans Ende der jeweiligen Hausbeschreibungen und versuchen schon in den Texten, Geschichte mit Hilfe von Anekdoten und Erinnerungen lebendig werden zu lassen. Ansonsten sollten Sie

aber immer auch Wirt oder Wirtin um Rat fragen - niemand kennt eine Landschaft besser als sie!

Natürlich wurden für diese neue Ausgabe nicht nur sämtliche schon vorhandenen Informationen aktualisiert. Auf neuen Reisen haben wir weitere Häuser besucht, die nun unsere Auswahl vervollständigen. Zudem haben wir diesmal - mit Rücksicht auf die Schweizer Rechtschreibung - auf das sehr deutsche „ß“ verzichtet. Nun bleibt Ihnen nur noch die Qual der Wahl, zwischen Bodensee und Lago di Lugano, zwischen Lac Léman und St. Moritzer See Ihr Glück zu finden!

Hamburg im Frühjahr 2002

Thomas Plaichinger

Thomas Plaichinger
geb. 1960, lebt - nach Aufenthalten in Paris, New York, Sydney und Zürich - als Schriftsteller und Journalist in Hamburg. Er veröffentlicht Romane und Sachbücher in deutscher und französischer Sprache.

LANDGASTHOF HIRSCHEN
WEINFELDERSTRASSE 80
8580 AMRISWIL
TEL: 071/411 79 71
FAX: 071/411 79 75

ANREISE: Autobahn bis Rorschach, Route am Bodensee ent-
lang, bis Arbon, dort landeinwärts auf der Landstrasse 14. 1
Nach etwa 12 km erreichen Sie Amriswil. Der Gasthof liegt
am Ende des Ortes.

NAVIGATION: Breite: 47°32,41/ Länge: 9°16,15

ENTFERNUNG NACH: Konstanz (D) 18 km, Weinfelden 20 km

KREDITKARTEN: alle gängigen

HISTORISCHES HAUS: aus dem 18. Jahrhundert

BESCHREIBUNG DES HAUSES: Über Generationen war der »Hirschen« einfach nur ein netter Gasthof, in dem sich die Menschen der Umgebung trafen und eher Getränke gefragt waren. Doch die Zeiten haben sich geändert: Heute ist Erhard Jost Hausherr und bietet hochwertige Küche, die dem ehemaligen Dorfgasthof einen überregionalen Ruf eingebracht hat. Das wunderschöne Riegelhaus steht unter Denkmalschutz. Im Inneren ist vor allem die Atmosphäre in der »Gourmetstube« sehr angenehm. Zum Haus gehören – neben dem »Beizle«, das bodenständige Küche zu kleineren Preisen bietet – auch 8 Zimmer, in denen es sich bei modernem Komfort angenehm nächtigen lässt.

SPEIS UND TRANK: Fisch- und Krustentier-Carpaccio mit

kleinen Salaten CHF 26; gebratene Wachtel auf Wirsing und Speck CHF 26; Altnauer Kürbisrahmsüppchen mit geräucherter Entenbrust CHF 14; Sisteron-Lammrücken mit Kräuterkruste, Spinat und Kartoffelgratin CHF 45; Mille-Feuilles vom Kalbsfilet auf Trüffeljus mit kleinen Gemüsen CHF 50; Sautiertes Kaninchenfilet auf Linsen und Karotten CHF 45; Seezunge und Bärenkrebs gebraten mit Kartoffelmoussline und kleinen Gemüse CHF 48; Schokoladentürmchen mit pochierter Williamsbirne CHF 15; Thurgauer Birnen-Soufflé CHF 16 (ab 2 Pers.) 30 Min.; Menu Degustation beachten.

WARME KÜCHE: 12.00 – 14.00 Uhr, 18.00 – 21.00 Uhr
PLÄTZE IM RESTAURANT: Gourmetstüble 30, Beizle 30
GARTEN / VERANDAPLÄTZE: 40
LEITUNG DES HAUSES: Erhard Jost
RUHETAG: Gourmetstüble: Sonntag; Beizle: keiner
BETRIEBSFERIEN: keine
ÖFFNUNGSZEITEN: durchgehend
ANZAHL DER ZIMMER: 8
ZIMMERPREISE: EZ: CHF 95; DZ: CHF 160
SPORTMÖGLICHKEITEN IN DER NÄHE: In Erlen (2 km entfernt) gibt es einen 18-holes-Golfplatz. Ansonsten lockt die Natur!

BEMERKENSWERTES: Im Ort gibt es ein Kutschenmuseum. Nicht weit ist es zum hübschen Wasserschloss Hagenwil (südlich von Amriswil). Der Bodensee wirkt – etwa bei Arbon – fast wie ein Meer, da das deutsche Ufer oft nicht zu sehen ist.

ROMANTIK-HOTEL SÄNTIS

LANDSGEMEINDEPLATZ 3
9050 APPENZELL
TEL: 071/788 11 11
FAX: 071/788 11 10
e-mail: romantikhotel@saentisbluewin.ch
homepage: www.romantikhotels.com/rhappen

ANREISE: Von St.Gallen Landstrasse über Teufen nach Ap- 3
penzell. Von Westen: Autobahn E60 bis Ausfahrt Gossau, Landstrasse über Hundwil nach Appenzell.
NAVIGATION: Breite: 47°19,44/ Länge: 9°24,35
ENTFERNUNG NACH: St. Gallen 18 km, Zürich 85 km, Bregenz (A) 50 km
KREDITKARTEN: alle gängigen

HISTORISCHES HAUS AUS DEM JAHRE: 1829; seit 1853 Wirtschaft
BESCHREIBUNG DES HAUSES: Das Städtchen Appenzell, Hauptort des Halbkantons Innerrhoden, ist berühmt für seine einmalig bunt bemalten Fassaden. Auch das »Säntis«, am historischen Landsgemeindeplatz gelegen, hat eine solche photogene Vorderfront. Seit 1919 ist das Haus in Familienbesitz und bis in die frühen 60erJahre war es nur ein recht einfacher Gasthof. Seitdem es Josef Heeb führt, wurde es unbestritten zum ersten Haus am Platz. Im Erdgeschoss findet sich noch immer eine einfache Gaststube für »die Einheimischen«, während es im ersten Stock ein längst international bekanntes Feinschmecker-Restaurant gibt mit elegant gedeckten Tischen, schweren Stoffservietten und Silberbesteck.

Der Raum ist mit hellem Holz getäfelt, schön eingerichtet und geschmückt und bietet durch seine unzähligen Fenster einen schönen Blick auf den Platz. Das Hotel des Hauses bietet historische und moderne Zimmer, die einen mit Himmelbetten, die anderen mit extravaganten gläsernen Badezimmern, alle geschmackvoll eingerichtet und sehr gepflegt. 1907 verbrachte die Familie des Herzogs von Parma im »Säntis« einen Teil des Sommers, und schon damals war man vom Appenzellerland und seiner Gastfreundschaft sehr angetan. Noch heute ist das Publikum des »Säntis« elegant und international – dabei sind die Preise des Hauses immer erschwinglich geblieben.

SPEIS UND TRANK: Der Küchenchef bietet erstklassige, leichte Küche, die – dem Publikum entsprechend – eher international ist, aber auch Spezialitäten der Region bietet. Neben grosser und kleiner Karte gibt es auch ein täglich wechselndes Menü. Appenzeller Bierrahmsuppe mit Käseplätzchen CHF 9,50; Appenzeller Ravioli, gefüllt mit Kaninchenragout und Ricotta auf Blattspinat mit brauner Butter und Salbei CHF 19; Appenzeller Lammhüftli mit Lavendelhonig und gerösteten Pinienkernen, Kartoffelgaletten mit Bergschnittlauch und Gemüsegarnitur CHF 42; Grillierte Salmschnitzel (Lachs) mit Sesam auf Curryschaumsauce mit Beluga-Linsen, parfümierter Thaireis CHF 30; Gebratener Bärenkrebs und Riesencrevetten auf Peperonikompott mit Bärlauchpesto, Salzkartoffeln CHF 42; Vegetarisch: Seitangeschnetzeltes (Seitan ist ein reines Pflanzeneiweiss) an rassiger Senfsauce mit Früchten, hausgemachte Nudeln CHF 21; Hausgemachtes Karamellköpfli mit Rahm CHF 7.50; Appenzeller Rahmlikörparfait mit

Orangen-Espuma CHF 13.50; Auswahl von Appenzeller Käse mit Birnenbrot CHF 10.

WARME KÜCHE: 11.30 - ca. 23 Uhr
PLÄTZE IM RESTAURANT: 100
GARTEN / VERANDAPLÄTZE: 70
LEITUNG DES HAUSES: Catriona und Stefan A. Heeb
RUHETAG: keiner
BETRIEBSFERIEN: Mitte Januar bis Mitte Februar
ANZAHL DER ZIMMER: 37
ZIMMERPREISE: von CHF 170 - 300
SPORTMÖGLICHKEITEN IN DER NÄHE: geheiztes Freibad, Hallenbad mit Sauna, Squash, Tennis, Skifahren, Bergwanderungen, Minigolf, Reiten.

BEMERKENSWERTES: Neben einem Rundgang durch den Ort sollte man sich Zeit nehmen für einen Besuch des Museums mechanischer Musikinstrumente.

WIRTSHAUS ZUM RÖSSLI
HIRSCHENGASSE 1
9050 APPENZELL
TEL: 071/787 12 56

ANREISE: Von der Hauptgasse aus bergan in die Hirschengasse. Am Ende, an einem kleinen Platz mit Brunnen, liegt das »Rössli«.

NAVIGATION: Breite: 47°19,55/ Länge: 9°24,39
ENTFERNUNG NACH: St. Gallen 18 km; Zürich 85 km
KREDITKARTEN: keine

HISTORISCHES HAUS: Grundmauern 500 Jahre alt
BESCHREIBUNG DES HAUSES: Auch in einem Ort der jährlich von vielen Touristen besucht wird, gibt es noch Ecken, die vollkommen unberührt zu sein scheinen. In Appenzell am oberen Ende der Hirschengasse gibt es so ein Fleckchen: das Rössli, ein ganz einfaches Wirtshaus mit einem hellen Gastraum, gemütlichem Wirtshausgestühl und schönen Schiefertafeltischen. Hier gibt es keine Tischdecken, kein schweres Besteck, dafür aber gute, marktfrische Küche zu freundlichen Preisen. Durch die vielen Fenster scheint die Sonne und die Lampen aus den 20erJahren geben ein angenehmes Licht. Ein schlichtes Haus mit sehr freundlicher Atmosphäre.

SPEIS UND TRANK: Speisekarte mit saisonal wechselnden Frischprodukten.

WARME KÜCHE: 11 - 14 Uhr, 17 - 20 Uhr
PLÄTZE IM RESTAURANT: 60

GARTEN / VERANDAPLÄTZE: 60
LEITUNG DES HAUSES: Joseph Nanser
RUHETAG: Montag und Dienstag
BETRIEBSFERIEN: Mitte Januar und Februar
ÖFFNUNGSZEITEN: 9 - 24 Uhr
ANZAHL DER ZIMMER: keine

RESTAURANT ILGE
BISCHOFSZELLER STRASSE 336
9212 ARNEGG
TEL: 071/385 67 67
FAX: 071/385 67 64

ANREISE: Autobahn E60 Winterthur-St. Gallen bis Ausfahrt Gossau, Landstrasse nordwärts bis Arnegg. Restaurant Ilge direkt neben der Hauptstrasse.
NAVIGATION: Breite: 4°26,36/ Länge: 9°15,20
ENTFERNUNG NACH: St. Gallen 14 km
KREDITKARTEN: alle gängigen

HISTORISCHES HAUS: um 1600
BESCHREIBUNG DES HAUSES: Schon im frühen 17. Jahrhundert wurde die »Taverne zu Niederarnegg« gegründet. Sie gehörte zur äbtischen Territorialverwaltung des Klosters St. Gallen. Allerdings stand dieses Haus früher an einer anderen Stelle. Um etwa 1850 wurde das Gebäude der heutigen »Ilge« mittels Rollen in mühevoller, monatelanger Arbeit an den heutigen Platz an der neuen Bischofszellerstrasse geschafft. Selbst während der monatelangen Transportarbeit wurde der Wirtshausbetrieb aufrechterhalten! Die damaligen Besitzer hatten unter anderem die französische Lilie, die »Ilge« in ihrem Wappen. Hier fanden nicht nur Stammtische, sondern auch politische Versammlungen statt: das im 1. Stock gelegene »Gerichtssäli« mit seinen gut erhaltenen Wand- und Deckenmalereien diente damals dem Landamman als »Gemeindestube« für die Belange der Bewohner von Niederarnegg. Mittwochs verkündete das Ilgen-Glöckchen den Marktbeginn, am

Sonntag rief es zum Gottesdienst von Gossau. Heute ist die »Ilge« ein gehobenes Restaurant. Im Erdgeschoss und im hellen Gerichtssäli im 1. Stock findet man elegant gedeckte Tische; neben dem Haus ist ein kleiner hübscher Garten.

SPEIS UND TRANK: Hausherr André Heiniger bietet hochrangige, frischeste Küche, die ihm längst nationales Renommé eingebracht hat. Die nach Jahreszeiten ausgerichtete Karte bietet ganz eigenständige Creationen, leicht, ausgewogen, und hervorragend präsentiert: z.B. eine hausgemachte Entenleberterrine mit einem Mangochutney serviert CHF 28; Hausgemachter Schwartenmagen mit Vinaigrette CHF 17; Gemischter Fischteller mit Champagnersauce, junges Marktgemüse, dazu gewürzter Basmatireis CHF59; Vanillesoufflé mit frischen Beeren und hausgemachtem Vanilleglace CHF 24. Ergänzt wird das Mahl durch eine sehr umfassende Weinkarte. Reservieren Sie Ihren Tisch im voraus!

WARME KÜCHE: 11 - 14 Uhr, 18 - 23 Uhr
PLÄTZE IM RESTAURANT: 80
GARTEN / VERANDAPLÄTZE: 110
LEITUNG DES HAUSES: André Heiniger und Nicole Heule
RUHETAG: keiner
BETRIEBSFERIEN: keine
ANZAHL DER ZIMMER: 14
ZIMMERPREISE: EZ: CHF 115, DZ: CHF 169

BEMERKENSWERTES: Nur wenige Kilometer entfernt, in Gossau, finden Sie Schloss Oberberg, den früheren Sitz des Vogtes vom Kloster St. Gallen.

CASTELLO DEL SOLE
VIA MURACCIO 142
6612 ASCONA
TEL: 091/791 02 02
FAX: 091/792 11 18
e-mail: castellosole@bluewin.ch (ohne »del«)
homepage: www.castellodelsole.com

ANREISE: Autobahn Zürich oder Chur-Lugano bis Ausfahrt Locarno. Über Locarno Landstrasse bis Ascona, im Ort ist das Castello del Sole ausgeschildert.
NAVIGATION: Breite: 46°09,14/ Länge: 8°46,22
ENTFERNUNG NACH: Lugano 35 km, Locarno 2 km
KREDITKARTEN: Mastercard, Visa, Amexco, Diners, JCP

HISTORISCHES HAUS: um 1800, mit modernen Anbauten
BESCHREIBUNG DES HAUSES: Schon 1532 wurde auf diesem Grundstück, zwischen den Mündungsarmen der Maggia, ein grosses Haus erbaut, das gut befestigt wurde. In den Folgejahren bot es den Protestanten der Region Zuflucht, die den Lehren von Orelli folgten. Auch nach dem Zusammenbruch der protestantischen Gemeinde von Locarno und der Vertreibung ihrer Anhänger, blieb das Haus noch bis zum Ende des 18. Jahrhunderts im Besitz der Orellis. Um 1800 übernahm es die Familie Moretti und begann, etwa 100 Jahre später, mit einer einfachen Osteria mit Übernachtungsmöglichkeiten. Nach dem 2. Weltkrieg wurde ein kleines Hotel eröffnet, das 24 Betten bot. Heute ist das Castello del Sole in seinem 80.000 m^2 Park mit Obstplantagen, die bis zum Seeufer reichen, fünf Tennisplätzen, Tennishalle, Indoor- und Outdoorpool längst

ein luxuriöses Firstclass-Hotel. Die Zimmer liegen in Anbauten, die in den letzten fünfzig Jahren entstanden, doch der Urkern des Hauses ist immer noch der Altbau mit den drei kleinen, leicht maurisch wirkenden Türmchen und dem kleinen Innenhof. Ringsherum: Felder, Wiesen, Stille und ein wunderbarer privater Badestrand vor der Tür.

SPEIS UND TRANK: Gehobene Küche im Stil des Hauses, serviert im Restaurant »Barbarossa«. Besonders schön ist der historische Innenhof mit seinen Palmen und Sonnenschirmen. Die Produkte kommen fast ausschliesslich aus der eigenen Landwirtschaft: Lauwarmer Hummersalat mit Melonenperlen und Gemüsevinaigrette CHF 48; Risotto Loto aus eigenem Anbau mit Parmesan, Merlot und fritiertem Lauch CHF 20; Im Ofen gebratene Poularde vom hauseigenen Bauernhof mit wildem Fenchel und Mais-Pinienkernen-Galetten CHF 45; Warmes Pistaziensoufflé mit schwarzer Schokoladensauce CHF 22.

WARME KÜCHE: 12.15 - 14.15 Uhr und 19.15 - 22 Uhr
PLÄTZE IM RESTAURANT: 150; Locanda Barbarossa: 60
GARTEN / VERANDAPLÄTZE: 100
LEITUNG DES HAUSES: Direktor Bruno Kilchenmann
RUHETAG: keiner
BETRIEBSFERIEN: keine
ANZAHL DER ZIMMER: 83
ZIMMERPREISE: EZ: CHF 340; DZ: 480 CHF; Suiten: 880/ 1440 CHF; Zuschlag HP: 40 CHF; Zuschlag VP: 65 CHF
SONDERARRANGEMENTS: Es gibt diverse attraktive Wochenarrangements, beispielsweise mit geführten Wanderun-

gen oder kosmetischen Anwendungen. Besonders interessant für Hobbyköche ist »Die Kunst der Küche mit Othmar Schlegel, Chef de cuisine«. Der Gast hat die Möglichkeit, dem Küchenchef über die Schulter zu sehen. Detailiertes Progamm anfordern.

SPORTMÖGLICHKEITEN

IM/AM HAUS: Tennis, zwei Schwimmbäder (darunter ein neues Bewegungsbecken mit Massagendüsen und eingebautem Whirlpool), Fitnesscenter mit Sauna und Solarium, Privatstrand mit Bocciabahn, Putting green, Driving range.

IN DER NÄHE: Golfpatz von Ascona (18-holes).

BEMERKENSWERTES: Ascona, wo jährlich das Jazz-Festival und die Musikfestwochen stattfinden, ist nicht weit. Das Hotel bietet einen Busservice in den Ort. Ein wunderbarer Tagesauflug ist die Fahrt zur Villa Taranto bei Verbania Pallanza an der italienischen Lago-Maggiore-Riviera. Dafür können Sie auch die See-Dampfer benutzen, denn die Villa hat einen eigenen Landesteg und wird von allen Dampfern angefahren. Rings um die Villa finden Sie einen der schönsten botanischen Gärten Europas.

HOTEL BRISTOL
BAHNHOFSTRASSE 38
7310 BAD RAGAZ
TEL: 081/303 77 77
FAX: 081/303 77 78
e-mail: info@bristolhotel.ch
homepage: www.bristolhotel.ch

ANREISE: Autobahn N13 bis Ausfahrt Bad Ragaz, Hotel in der Stadt, ausgeschildert.
NAVIGATION: Breite: 47°00,11/ Länge: 9°30,04
ENTFERNUNG NACH: Chur 20 km, Zürich 93 km
KREDITKARTEN: alle gängigen

HISTORISCHES HAUS AUS DEM JAHRE: 1903
BESCHREIBUNG DES HAUSES: Kurz nach der letzten Jahrhundertwende wurde das Hotel Bristol im Stil der späten Belle-Epoque erbaut. Seit 1868 war der Ort zum Kurort avanciert und verfügte schon über einige Grand Hotels. Auch das Bristol gehörte zu den besseren Häusern, bis nach dem 1. Weltkrieg die Zeit endgültig vorbei schien und es bankrott ging. Jahrzehntelang diente es als Fabrik-, Büro- und Schulgebäude. Erst 1989 wurde es wieder Hotel. Die Atmosphäre der grossen Frühzeit, konnte insbesondere im Restaurantsaal »Le Miroir« und in der Bar wieder eingefangen werden. Die Zimmer sind modern, hell und angenehm, der Park mit altem Baumbestand und Terrasse ist wunderhübsch.

SPEIS UND TRANK: Das »Miroir« bietet gehobene, leichte Küche: Kefenschaumsuppe CHF 7.50; Trockenfleischspezia-

litäten der Region mit Melonenfächer CHF 16; hausgemachte Ravioli auf Pilzragout CHF 16; geschmorte Kalbshaxe mit Merlot und Steinpilzen, Risotto und Gemüseauswahl CHF 32; Lammrücken mit feinen Alpenkräutern, Kartoffel-Gratin, Blattspinat CHF 38; Attraktive Dessert- und Weinkarte.

WARME KÜCHE: 11.30 - 14 Uhr, 18.30 - 22 Uhr
PLÄTZE IM RESTAURANT: 50
GARTEN / VERANDAPLÄTZE: 80
LEITUNG DES HAUSES: Horst Bauer
RUHETAG: keiner; Restaurant: Sonntag
BETRIEBSFERIEN: keine
ANZAHL DER ZIMMER: 25
ZIMMERPREISE: EZ: CHF 130 - 140; DZ: CHF 260 - 300; grand-lit 1 Person: CHF 150 - 160, grand-lit 2 Personen: CHF 230 - 260; Suite: CHF 320 - 360; Turmsuite: CHF 380.
SPORTMÖGLICHKEITEN
- IM/AM HAUS: Zum Hotel gehören Sauna, Dampfbad, Solarium und sogar eine Arztpraxis für Physiotherapie.
- IN DER NÄHE: Der Ort bietet alle Annehmlichkeiten eines historisch gewachsenen Kurorts.

BEMERKENSWERTES: »Wohlfühlwochen« bieten Heilbehandlungen, Teilmassagen, Thermotherapie, Rückenschule etc.

HOTEL BAD BALGACH
HAUPTSTRASSE 73
9436 BALGACH
TEL: 071/722 14 14
FAX: 071/722 25 16

ANREISE: Autobahn St. Gallen – Chur bis Ausfahrt Au. Landstrasse Richtung Altstätten/Appenzell bis Balgach. Hotel an der Landstrasse.
NAVIGATION: Breite: 47°24,25/ Länge: 9°36,25
ENTFERNUNG NACH: St. Gallen 28 km, Lustenau (A) 4 km
KREDITKARTEN: alle gängigen

HISTORISCHES HAUS AUS DEM JAHRE: 1834
BESCHREIBUNG DES HAUSES: Dieses schöne Haus neben der Landstrasse war immer schon Gasthof, bis 1938 aber auch mit einem Schwefelbad ausgestattet. Als der Badebetrieb zugunsten des Weinhandels aufgegeben wurde, blieb es Hotel, das nun seit 1969 im Besitz der Familie Frischknecht ist. Rechts vom Eingang finden Sie den schönen, dunkel getäfelten »Wirtshaus«-Raum, mit Schiefertischen und schönem Kachelofen. Links liegt das »Säli« des Restaurants mit geschmackvollen historischen Möbeln. Überall im Haus fallen die schönen, gedrechselten Holzsäulen auf, die dem Gebäude eine ganz besondere Atmosphäre geben. Hier ist alles angenehm und überschaubar. Nur zehn Zimmer gehören zum Haus (für Hausgäste gibt es ein wunderbares Frühstück mit reichlicher Käseauswahl und frischen Wurstwaren).

SPEIS UND TRANK: Hans-Rudi Frischknecht bietet franzö-

sisch-saisonale Küche aus erstklassigen regionalen Produkten. Z.B: Kalbskopfcarpaccio mit einer Schalottenvinaigrette CHF 24; Klare Fischsuppe mit Knoblauch und Safran CHF 16; Kalbsfilet an einer Thaicurry-Sauce CHF 44; Zanderfilet im Kartoffelmantel in einer Senfsauce CHF 39; Gebrannte Creme mit einem Balgacher Marc CHF 10. In einer solchen Weingegend, gibt es natürlich auch eine gute Weinkarte!

WARME KÜCHE: 11 - 14 Uhr, 17.30 - 22 Uhr
PLÄTZE IM RESTAURANT: 40 in 2 Räumen
GARTEN / VERANDAPLÄTZE: Gartenterrasse mit 35 Plätzen
LEITUNG DES HAUSES: Hans-Rudi und Esther Frischknecht
RUHETAG: keiner
BETRIEBSFERIEN: erste zwei Januarwochen
ANZAHL DER ZIMMER: 10
ZIMMERPREISE: EZ: CHF 115; DZ: CHF 170
SPORTMÖGLICHKEITEN IN DER NÄHE: Tennisplätze, Hallenbad im Ort

BEMERKENSWERTES: Schön liegt Schloss Grünenstein oberhalb des Ortes. Die Weinberge und das Rheintal laden zu Wanderungen und Spaziergängen ein.

HOTEL DREI KÖNIGE AM RHEIN
BLUMENRAIN 8
4001 BASEL
TEL: 061/261 52 52
FAX: 061/261 21 53

ANREISE: Autobahn E35 bis Basel Süd/City. Am St. Jakobs-Denkmal vorbei, über Aeschenplatz, Aeschenvorstadt, Steinenberg, Leonhards- und Petersgraben zum Blumenrain.
NAVIGATION: Breite: 47°33,40/ Länge: 7°35,09
ENTFERNUNG NACH: Zürich 113 km
KREDITKARTEN: alle gängigen

HISTORISCHES HAUS: Nachweis ab 1026
BESCHREIBUNG DES HAUSES: Eine erste Herberge, die noch den Namen »Zur Blume« trug, stand schon 1026 an dieser Stelle. Seit 1032 trägt diese unvergleichliche Institution den Namen »Drei Könige« – nachdem sich der kinderlose Kaiser Rudolf III. von Burgund in den Räumen der »Blume« mit seinen möglichen Nachfolgern, dem deutschen Kaiser Konrad II. und dessen Sohn getroffen hatte, um die Thronfolge zu besprechen. Als 1226 dann der Bau der allerersten Rheinbrücke zwischen Konstanz und der Mündung des Stromes begonnen wurde, war der Erfolg des Hauses gesichert. Basel wurde zum »Verkehrsknotenpunkt«, und knapp 250 Jahre später dann auch zur Messestadt. Jahrhundertelang nächtigten Händler, Geistliche und andere Reisende im »Drei Könige«, das während der französischen Revolution auch »Drei Mohren« hiess. Kurz nach dem Besuch Napoléon Bonapartes, der (trotz seines sprichwörtlich geringen Schlafbedürfnisses)

natürlich auch hier schlief, begann dann die Zeit der Vergnügungsreisen. Immerhin hatte Basel den ersten Schweizer Bahnhof, und per Dampfschiff konnte man (mit Umsteigen) gar bis London gelangen. Gekrönte Häupter schliefen hier ebenso wie Theodor Herzl, der nach der Dreyfus-Affäre auf die Gründung eines israelischen Staates drängte. Später kamen Picasso und Strawinsky, Aga Khan, Duke Ellington und Lionel Hampton. Nach verunglückten Modernisierungsversuchen in den 70er Jahren gelangte das Haus schliesslich in die Hände von Albina du Boisrouvray – die es in seiner ganzen, alten Pracht wiederherstellte. Nach umfangreichen Arbeiten strahlt das »Drei Könige« wieder im neuen Glanz, und was im Lauf der Jahrhunderte abhanden kam, wurde von Madame de Boisrouvray aus ihrer persönlichen Sammlung ersetzt. Deshalb blicken heute auch die Vorfahren der Gräfin von den Wänden des Hauses.

SPEIS UND TRANK: In wunderschönen Räumlichkeiten mit Blick auf Rhein und Brücke, oder auf der grossen Terrasse hoch über dem Wasser des Stromes in der Rôtisserie und in Brasserie lässt sich gehobene Küche von gutem Ruf geniessen: Waldterrine mit Gänseleber und Artischockenpurée mit Haselnussöl verfeinert CHF 39; Risotto aus schwarzen Trüffeln aus dem Périgord CHF 42; Gebratene Miel-Ente mit eingelegten Zitrusfrüchten, Rübengratin mit Safran für zwei Personen, pro Person CHF 46. Interessante Menüs sowie gute Angebote für Vegetarier.

WARME KÜCHE: 6.30 - 24 Uhr
PLÄTZE IM RESTAURANT: 60
VERANSTALTUNGSRÄUME: 4 Salons für bis zu 120 Personen
GARTEN / VERANDAPLÄTZE: 100
LEITUNG DES HAUSES: Direktor Rudolph Schiesser
RUHETAG: keiner
BETRIEBSFERIEN: keine
ANZAHL DER ZIMMER: 88
ZIMMERPREISE: EZ: CHF 280 - 390; DZ: CHF 460 - 690
SPORTMÖGLICHKEITEN IN DER NÄHE: Fitness, Wellnesss, Jogging, Golf und Schwimmen.

BEMERKENSWERTES: Basel ist ein Museen-Paradies. Etwas Besonderes ist die Sammlung der Werke Holbein des Jüngeren, die neben zahlreichen Picassos den Ruf des Kunstmuseums ausmachen. Ein »must« ist aber auch das Tinguely-Museum.

SCHÜRMANN'S RESTAURANT
ÄUSSERE BASELSTR 159
4125 BASEL-RIEHEN
TEL: 061/6431210
FAX: 061/6431211

ANREISE: Von Deutschland aus: Von Lörrach über Stetten zum Grenzübergang. Gleich dahinter beginnt Riehen. Auf der Hauptstrasse Richtung Basel bleiben; hier steht das Haus links am Weg. Von Basel: Von der E 25/35 Ausfahrt Basel Bad Badischer Bahnhof. Riehen ist nordwärts (ausgeschildert). Wer aus Basel kommt, erreicht das »Schürmann's« besonders günstig mit der Strassenbahn, der Tram 6, die direkt vor dem Haus hält (Haltestelle »Burgstrasse«). Das Haus offeriert übrigens jedem Tram-Benutzer das Ticket für die Rückfahrt!
ENTFERNUNG NACH: Basel 4 km
KREDITKARTEN: American Express, Diners, Eurocard, Visa

HISTORISCHES HAUS AUS DEM JAHRE: 1922
BESCHREIBUNG DES HAUSES: Als Restaurant ist das »Schürmann's« eigentlich gar kein historisches Haus und passt dennoch perfekt hierher. Was in frühen Jahren ein Dienstmädchen-Café für das »Personal« aus dem umliegenden Villenviertel war, wurde von einem jungen Team liebevoll und

stilsicher in ein geschmackvolles Restaurant verwandelt, in dem die strengen Stuck-Elemente und die Täfelungen wunderbar zur (optisch interessanten und trotzdem bequemen) Bestuhlung sowie den schön eingedeckten Tischen passen. Wo früher der Chauffeur heimlich die Zofe aus dem Nachbarhaushalt traf, lässt sich heute trefflich speisen - schon deshalb, weil Andreas und Sandra Schürmann ihre Sache mit so viel Engagement und Witz angehen, dass die Atmosphäre so freundlich ist wie der wunderschöne Speiseraum. Hier stimmt einfach alles bis hin zu den kleinen Sprüchen, die die Karten schmücken und den Gast durch sein Menü begleiten. Am passendsten ist wohl: »Niemand sollte sich hier zieren / und so viel wie's geht probieren!« Eine Reservierung ist natürlich unumgänglich!

SPEIS UND TRANK: Küchenchef Andreas Schürmann bietet eine marktorientierte Saison-Karte. Die Zutaten kommen sämtlich von Höfen und Anbietern der näheren Umgebung. Die Speisen wechseln häufig und bieten leichte, südliche Einschläge ebenso wie völlig Überraschendes. Die Karte, deren Gestaltung genauso schön ist wie die des Hauses, könnte Folgendes bieten: Waldtaubenbrust auf italienischen Berglinsen CHF 30; gebratene Gänseleber auf einer Griesschnitte mit süss-sauren Zwetschgen CHF 40; Rindsfiletcarpaccio mit Stangensellerie und Parmesan CHF 30; Kürbiscreme mit Kürbiskernöl CHF 12; Waldpilzstrudel auf Schwarzwurzeln CHF 40; Kabeljau mit Muscheln und Safrantaglioni CHF 55; Steinbutt im Fenchelsud mit Kartoffeltriangoli CHF 55; im Val Sotillo geschmorter Rindshuftspitz mit fritiertem Sellerie CHF 55; doppeltes Kalbskotelette mit geschmorten Artischocken für 2 Personen CHF 110; Hirschkalbkotelettes mit Waldpilzen CHF 55; Mast- oder Wildgeflügel gibt es für ein oder zwei Personen nach Angebot. Das Fleisch des Hauses kommt - wenn nicht anders vermerkt - aus der Schweiz, das Wild kann auch aus Schottland oder Österreich kommen. Die Dessertkarte ist eine wahre Freude. Neben dem guten vegetarischen Angebot bietet das Haus auch zwei »Menus Surprise«, das kleinere Menü mit vier Gängen zu CHF 90, das Grosse, mit sechs Gängen, zu CHF 130. Die ausgeglichene Weinkarte bietet Schweizerisches neben Französischem und Italienischem, aber auch Weine aus Portugal und Spanien. Grosse Auswahl auch im Offenausschank.

WARME KÜCHE: Di-Fr 11.30 - 14 Uhr, 18.30 - 24 Uhr, Sa 18.30 - 24 Uhr
PLÄTZE IM RESTAURANT: 40
GARTEN / VERANDAPLÄTZE: 40
LEITUNG DES HAUSES: Andreas und Sandra Schürmann
RUHETAG: Sonntag und Montag
BETRIEBSFERIEN: während der Basler Fasnacht und zwei Wochen im September
ANZAHL DER ZIMMER: keine

BEMERKENSWERTES: In Riehen wurde kürzlich die Fondation Beyeler eröffnet, die Sammlung des Kunsthändlers Ernst Beyeler und seiner Gattin Hildy - von Cézanne bis Dubuffet, über 160 Gemälde und Skulpturen - in einem spektakulären Gebäude des Stararchitekten Renzo Piano. Nichts liegt näher, als Kunstgenuss und gastronomischen Genuss miteinander zu verbinden.

HOTEL INNERE ENGE
ENGESTRASSE 54
3012 BERN
TEL: 031/309 61 11
FAX: 031/309 61 12

ANREISE: Von Basel oder Zürich E4 bis Ausfahrt Bern-Neufeld, Richtung Zentrum, immer geradeaus, nach etwa 1 Kilometer Kreisverkehr, dann links Richtung Bremgarten, bergauf, und nach ca. 500 Metern taucht das Hotel auf.
NAVIGATION: Breite: 46°57,29/ Länge: 7°26,17
ENTFERNUNG NACH: Basel 97 km, Zürich 125 km
KREDITKARTEN: alle gängigen

HISTORISCHES HAUS: Nachweis vor 1716; heutige Form von 1865
BESCHREIBUNG DES HAUSES: Im Hotel »Innere Enge« ist es gar nicht klein und eng, man kann eher an das Gegenteil denken. Es liegt auf einem kleinen Plateau gegenüber der Altstadt von Bern. Das üppige Fachwerkhaus aus dem 19. Jahrhundert ragt hoch in den Himmel, ist hell und lichtdurchflutet. Schon 1810 fand sich die frisch geschiedene Kaiserin Joséphine mit grossem Gefolge hier ein und nahm unter dem Dach des damals noch offenen grossen Gartenpavillons ein »Grand-Déjeuner«. 700 Gäste speisten mit der illustren Beauharnais und genossen den Blick auf Stadt und Berge. Heute ist das Plateau der »Inneren Enge« endlich eine geschützte Grünzone. Und das allzeit beliebte Ausflugslokal der Berner wurde dank Hans Zurbrügg und Marianne Gauer in den frühen 90er Jahren aufwendig renoviert. Die enge Zu-

sammenarbeit mit der Städtischen Denkmalpflege hat sich gelohnt: von aussen strahlt das schöne Riegelhaus in alter Pracht, und innen herrscht eine freundlich-helle Atmosphäre, die dieses Haus zu einem ganz besonderen Hotel macht. Das Restaurant mit Brasserie-Lampen, weiss eingedeckten Tischen und grossen, alten Fensterfronten zum Garten mutet eher französisch an. Gemütlich ist die kleine Kaminecke vor dem Restaurant sowie die stilsicher restaurierten Zimmer, die teilweise (vor allem im Winter) einen wunderschönen Blick über die Hauptstadt bieten. Im Garten selbst lässt es sich ebenso wohlsein: Hier wurden zwei kleine Jugendstil-Pavillons installiert, die früher in Bern und in Zürich standen.

SPEIS UND TRANK: Als Joséphine hier speiste, mussten Essen und Getränke noch mit Pferdewagen aus der Stadt heraufgekarrt werden. Heute hat das Haus selbst einen guten Koch. Im Restaurant – im historischen, heute verglasten Pavillon – mit den wunderschönen und bequemen Stühlen aus dem Jugendstil und in der pariserisch wirkenden Brasserie lässt es sich trefflich speisen. An der Wand des Pavillons prangt ein grosses Gemälde von Marie Hugo, der berühmten Malerin und Urenkelin des grossen Victor, die seit vielen Jahren mit den Besitzern der »Enge« befreundet ist.
Viele Speisen kann man auch in halben Portionen bestellen, was das Probieren erleichtert und eine grössere Auswahl ermöglicht! Auf dem Teller könnten sich finden: Geräucherter Lachs mit Olivenbrot und Meerrettichschaum ganze Portion CHF 32 / halbe Portion CHF 21.50; Geschnetzelte Kalbsleber mit frischen Kräutern und Rösti CHF 33; Schweinemedaillons an eigener Sauce aus frischen Feigen und Pilzen mit Butter-

nudeln CHF 39.50 /CHF 32.50; Eglifilet gebacken mit einer leichten Epice-Sauerrahm-Majonaise CHF 29.50; Hummerragout auf Bandnudel an Hummer-Cognac-Sauce CHF 37.50 / CHF 25; Hausgemachte gebrannte Creme CHF 5.50; Hausgemachtes Pannacotta CHF 7.50. Natürlich wechselt die Karte mit den Jahreszeiten und orientiert sich am Marktangebot.

KÜCHE: grosse Karte: 11.30 – 22.00 Uhr,
kleine Karte: bis 23 Uhr
PLÄTZE IM RESTAURANT: 90
GARTEN / VERANDAPLÄTZE: 100
LEITUNG DES HAUSES: Nicole Hermenjat
RUHETAG: keiner
BETRIEBSFERIEN: keine
ANZAHL DER ZIMMER: 26
ZIMMERPREISE: CHF 180-390
SPORTMÖGLICHKEITEN AM HAUS: Ein Jogging-Pfad führt direkt am Haus vorbei und in den Wald. Auch ein Minigolf-Gelände ist vorhanden.

BEMERKENSWERTES: Zum Haus gehört ein renommierter Jazz-Club, in dem jeweils von Dienstag bis Samstag internationale Grössen auftreten. Zweimal im Monat gibt es sonntags einen Jazz-Brunch. Die Vorliebe der Besitzer für Jazz macht das Besondere des Hauses aus. Nicht nur, dass einzelne Zimmer bestimmten Grössen der Jazzmusik gewidmet sind und zahlreiche ganz persönliche Erinnerungsstücke und Besitztümer zeigen – die leichte, swingende Musik scheint überall in diesem Haus in der Luft zu liegen, eine Atmosphäre, die einfach gute Laune erzeugt.

RESTAURANT ZIMMERMANIA
BRUNNGASSE 19
3011 BERN
TEL: 031/3111542
FAX: 031/3122822
e-mail: zimmermania@swissonline.ch

ANREISE: Das Zimmermania liegt mitten in der Altstadt von Bern, in einer kleinen Parallelgasse zur weltberühmten und relativ leicht zu findenden Kramgasse.
NAVIGATION: Breite: 46°56,56/ Länge: 7°26,56
ENTFERNUNG NACH: Basel 97 km, Zürich 125 km
KREDITKARTEN: alle gängigen

HISTORISCHES HAUS AUS DEM JAHRE: 1850
BESCHREIBUNG DES HAUSES: Das »Zimmermania« ist ein perfektes Stück Paris – mitten in Bern: Ein Bistro, wie es sie selbst in der französischen Hauptstadt immer seltener gibt, mit weiss gedeckten Tischen in langen Reihen vor schön getäfelten Wänden. Gegründet wurde das Haus vor 150 Jahren von einem gewissen Herrn Zimmermann, der in der Stadt nur »Zar« hiess, weil er sich keine Vorstellung von Lortzings Oper »Zar und Zimmermann« entgehen liess. Seit dem Sommer 1994 ist dieses wunderschöne Bistro im Besitz von Hans und Catherine Kunze und ihrem Sohn, die es liebevoll hegen. Die Atmosphäre hier ist sehr angenehm, dass eine vorherige telefonische Reservierung unumgänglich ist!

SPEIS UND TRANK: Die wunderbare Küche, die die Kunzes und ihr Chef Achim Römer bieten, passt perfekt zum welschen

Ambiente des Hauses: Französische Spezialitäten – ganz nach Marktangebot – auf einer täglich wechselnden Karte. Zu den Klassikern des Hauses gehören: Soupe à l'oignon gratinée (gratinierte Zwiebelsuppe) CHF 12; Tartare de saumon fumé sur dressing de Rucola (Tartar vom Rauchlachs auf Rucola-Dressing) CHF 22; Ragout de queue de boeuf au vin rouge, pommes mousseline aux endives et lard fumé (Geschmorter Schweizer Ochsenschwanz an Rotweinsauce, Mousseline-Kartoffeln mit Endivien und Schweizer Speck) CHF 29.50; cailles entières rôties aux figes fraiches et Porto (ganze gebratene Wachteln mit frischen Feigen und Porto) CHF 36.50. Eine gute Auswahl aus französischem und Schweizer Käse (auf dem Käsewagen). Heben Sie etwas Appetit für das Dessert auf: der Hausherr ist ein stadtbekannter Patissier und versteht sein Handwerk. Mittags lockt neben der Tageskarte auch das »Menu du Jour« zu CHF 21.60. Es könnte zum Beispiel bieten: Tomaten-Crèmesuppe oder Orangensaft, Schweinsgeschnetzeltes mit Eierschwämmen an Rahmsauce, Pilawreis, Zucchetti mit Kräutern, Saisonsalat. Auch der »Business Lunch« ist ein gutes Angebot für den Mittag: 2 Gänge CHF 32.50 oder 3 Gänge CHF 38.50. Neben der guten Weinauswahl der Tageskarte bietet das Haus auch eine besondere Bordeaux-Karte, auf der der Patron des Hauses die Weine seiner »Réserve« bietet.

WARME KÜCHE: 11 – 14 Uhr, 18 – 22 Uhr
PLÄTZE IM RESTAURANT: 80
GARTEN / VERANDAPLÄTZE: 20
LEITUNG DES HAUSES: Hans, Catherine Kunze und Sohn
RUHETAG: Sonntag, Montag

BETRIEBSFERIEN: vier Wochen im Juli und August
ANZAHL DER ZIMMER: keine

BEMERKENSWERTES: Rings um das »Zimmermania« liegt die Altstadt von Bern, die 1983 in die UNESCO-Liste der »Weltkulturgüter« aufgenommen wurde. Die schönen Arkaden werden hier »Lauben« genannt und ermöglichen auch bei Regenwetter schöne Spaziergänge.

HOTEL CHESA SALIS
7502 BEVER
TEL: 081/852 48 38
FAX: 081/852 47 06
e-mail: chesa.salis@compunet.ch
homepage: www.chesa-salis.ch

ANREISE: Von Norden und Westen: Autobahn N13 Chur - Bellinzona bis Thusis, Landstrasse über Tiefencastel und den Julierpass bis St. Moritz, weiter nordwärts bis Bever. Chesa Salis am nördlichen Ortsende, ausgeschildert. Von Tirol: In Landeck auf die 315 über Scuol und Zernez bis Bever. Von Italien: Vom Lago di Como über Chiavenna nordwärts ins Val Bregaglia, über St. Moritz nach Bever.
NAVIGATION: Breite: 46°33,11/ Länge: 9°52,24
ENTFERNUNG NACH: St. Moritz 5 km
KREDITKARTEN: alle gängigen

HISTORISCHES HAUS AUS DEM JAHRE: 1590
BESCHREIBUNG DES HAUSES: Es liegt am Ortsrand mitten im Grünen, umgeben von einem Garten und dann folgen nur noch Wiesen und Felder. Früher lebte die Familie derer von Salis in diesem kleinen Juwel. Heute ist der kleine Palast liebevoll renoviert und mit viel Fingerspitzengefühl zu einem Hotel geworden. Das Haus wirkt südländisch-heiter, kann aber auch mit seinen meterdicken Mauern in 1710 Metern Höhe dem harten Winter trotzen. Die Aufenthaltsräume, die Zimmer und das Restaurant zeigen, dass die Hausherrn Sinn für Geschichte und Tradition haben. Wunderschön ist die kleinere, völlig holzgetäfelte Stube des Restaurants.

SPEIS UND TRANK: Die Küche des Hauses hält ein internationales, gehobenes Angebot bereit, das durchaus dem stilvollen Ambiente des Hauses entspricht: Entenleberterrine mit geräucherter Entenbrust auf süss-sauren Gemüsestreifen CHF 26; Schoppa di Giotta (Bündner Gerstensuppe) CHF 9; Überbackene Polenta mit Steinpilzen und geräuchertem Forellenfilet als Vorspeise CHF 14, Portion CHF 19; Seeteufelfilet, gefüllt mit grünem Spargel auf Kefen und Tomaten, Limettensauce mit Trüffel, Reis mit Pinienkernen CHF 36; Pochierter Hummer mit Senfsauce und Getreide-Gemüseklösschen, Wildreistimbale CHF 46; Gebratene Entenbrust mit Orangensauce und Pfannkuchen gefüllt mit Reisnudeln, Kefen und Entenstreifen CHF 34; Empfehlenswert sind die Grillspezialitäten vom Holzkohlegrill, beispielsweise eine auf Steinplatte gegarte Forelle mit Thymian (ohne Beilagen) CHF 26; Es werden Menüs aus der regionalen Küche angeboten. Auch die Desserts sind sehr gut und natürlich hausgemacht, etwa das warme Zwetschgenkompott mit Zimtglace CHF 13; Birnenkrapfen mit Maroni CHF 13; Limetten-Johannisbeer-Eisparfait auf Honigschaum mit Granatapfelkernen CHF 13.

WARME KÜCHE: 12 – 14 Uhr, 19 – 21 Uhr. Tischreservierung unbedingt notwendig!
PLÄTZE IM RESTAURANT: 40
GARTEN / VERANDAPLÄTZE: 40
LEITUNG DES HAUSES: Carlos und Bernadette Jösler
RUHETAG: keiner
BETRIEBSFERIEN: November bis 20. Dezember und April bis Mitte Juni
ANZAHL DER ZIMMER: 17

ZIMMERPREISE: Sommer: EZ ab 125 CHF, DZ ab 158 CHF (pro Zimmer); Winter: EZ ab 145 CHF, DZ ab 178 CHF (pro Zimmer). Ermässigungen ab vier Nächten.
SPORTMÖGLICHKEITEN IN DER NÄHE: Langlaufloipen, beleuchteter Eisplatz, Wanderungen, Skisport, Fischen, Bergtouren, Golf.

BEMERKENSWERTES: Bever ist sicherlich eines der schönsten Dörfer des Oberengadin: Der Ort bietet wunderschöne bemalte und Sgraffito-Fassaden, ist nicht so hektisch und laut wie die grossen Ferienzentren und wird von tiefen, stillen Lärchen- und Arvenwäldern umgeben.

RESTAURANT SCHLOSS BINNINGEN
SCHLOSSGASSE 5
4102 BINNINGEN
TEL: 061/421 20 55
FAX: 061/421 06 35

ANREISE: Von Basel: Schon im Zentrum von Basel ist Binningen ausgeschildert.

NAVIGATION: Breite: 47°32,13/ Länge: 7°34,19
ENTFERNUNG NACH: Basel 3 km
KREDITKARTEN: alle gängigen

HISTORISCHES HAUS: Nachweis ab 1299
BESCHREIBUNG DES HAUSES: Kurz vor den Toren der Stadt Basel gelegen, wirkt Schloss Binningen wie ein Märchenschloss im Grünen, umgeben von altem Baumbestand und grossen Terrassen. Schon in der Halle wird deutlich, was das besondere Ambiente dieses sehr schönen Hauses ausmacht: Das Schloss bietet nicht nur einen einmaligen historischen Rahmen mit verschiedenen Stuben, Sälen und Zimmern, die elegant bis prunkvoll sind – nein, hier wurde zudem moderne Kunst aus dem Baseler Umfeld gesammelt. Kaum etwas anderes bildet einen reizvolleren Kontrast als die festen Mauern des Hauses, die barocken Schnörkel und die Strenge oder Farbenfreude der modernen Gemälde! An aufwendig und sehr geschmackvoll gedeckten Tischen sitzend, geniessen Sie das hohe Niveau von Küche und Kunst. Für schöne Tage gibt es traumhafte Tische auf der von Grün umgebenen Terrasse.

SPEIS UND TRANK: Der Hausherr zählt zu den bekannte-

ren Köchen des Landes – und das zu recht! Seine Küche ist ausgewogen und frisch, mit erstklassigen Zutaten, dabei allerdings nicht immer leicht. Wilfried Dammanns besondere Spezialität ist das Lammcarré. Sie könnten u.a. auch geniessen: Tartar von der Lachsforelle mit Mango und einem Rosace mit Jakobsmuscheln CHF 24; Hummer-Gazpacho mit einem Gurken Granite CHF 36; Meerwolfsfilet mit Sesam und schwarzen Oliven gebraten auf feinem Griess mit getrockneten Tomaten CHF 24; Lammcarré mit Honig und Knoblauch gebraten, Gemüse und Gratinkartoffeln CHF 50, kleinere Portion CHF 42; Traverse von der Seezunge, gefüllt mit Gemüse-Brunoise auf Petersiliensauce und jungem Gemüse CHF 52, kleinere Portion CHF 46; Meerwolf in der Kruste von Meersalz mit Kräutern gebacken CHF 49.

WARME KÜCHE: 11.30 – 14 Uhr, 18.30 – 22 Uhr
PLÄTZE IM RESTAURANT: ca. 70; zahlreiche Einzelräume
VERANSTALTUNGSRÄUME: Empire-Saal (bis 24 Personen); Barock-Saal (bis 20 Personen); Turmzimmer oder die historische »Von Salis-Stube« im Bünder Stil für je 4-8 Personen.
GARTEN / VERANDAPLÄTZE: 80
LEITUNG DES HAUSES: Wilfried Dammann
RUHETAG: So und Mo (an Messen und feiertags geöffnet!)
BETRIEBSFERIEN: 2 Wochen während der Basler Fasnacht
ÖFFNUNGSZEITEN: 9 – 24 Uhr
ANZAHL DER ZIMMER: keine

BEMERKENSWERTES: Vor oder nach dem Essen ein Spaziergang im Park! Sie werden überrascht sein von der aussergewöhnlichen Atmosphäre.

USTERIA DAL PREVAT
VIA CADEMARIO
6934 BIOGGIO
TEL: 091/605 49 23

ANREISE: Von Norden und von Lugano: Bioggio liegt südwestlich der Autobahnausfahrt Lugano. Landstrasse Richtung Agno nehmen, Bioggio rechts ausgeschildert. Es geht steil bergauf, bis die Usteria rechts der Strasse auftaucht.
NAVIGATION: Breite: 46°00,54/ Länge: 8°45,25
ENTFERNUNG NACH: Lugano 2 km
KREDITKARTEN: alle gängigen

HISTORISCHES HAUS AUS DEM JAHRE: 1881
BESCHREIBUNG DES HAUSES: Schon beim Einbiegen in die kleine Strasse bergauf wähnt man sich nicht mehr in unmittelbarer Nähe einer grösseren Stadt: Hier breiten sich Land und Landschaft über sanfte Hügel, die enge Strasse scheint direkt im Himmel enden zu wollen – bis die Usteria dal Prevat vor dem Wald auftaucht: Ein einfaches »Grotto«, eines der beliebten Wein- und Ausflugslokale dieser Region, unprätentiös, hübsch und auf den Berg hingestellt wie in einem Traum. Das kleine Gebäude verdankt seinen heutigen Namen der Tatsache, dass es einst das Haus eines Priesters war. Im Anschluss – der Priester wäre sicher nicht böse gewesen – war es privates Grotto, also eigentlich ein Weinlager. Seit 15 Jahren ist es im Besitz der Familie Alioli – und das ganze Jahr über einen Ausflug wert. Ein besonderer Traum ist es allerdings im Sommer, wenn sich die Tische auf der überrankten Terrasse reihen. Die beiden Gasträume innen sind freundlich-

ländlich. Überhaupt lässt die liebenswürdig-einfache Atmosphäre das mondäne Lugano, das doch ganz in der Nähe ist, weit entfernt erscheinen.

SPEIS UND TRANK: Die Aliolis bieten Grotto-Spezialitäten, unverfälscht und echt wie die Stimmung in diesem sympathischen Häuschen: Frische Fische und Waldpilze, aber auch Nudelgerichte. Die Vorspeisen kosten etwa CHF 15, die Hauptgerichte von CHF 25 bis CHF 30. Der branzino dello griglio (gegrillter Seebarsch) CHF 35 pro Person. Auch die Desserts beglücken: Die wunderbare Torta di Mele (Apfeltorte), Panna cotta, Tiramisù oder frutti di bosco (Waldfrüchte) – alles um CHF 6 bis 7. Und zu diesem Essen, warum sonst ist man in einem Grotto – eine gute Weinauswahl.

WARME KÜCHE: 12.00 – 14.00 Uhr, 19.00 – 22.00 Uhr
PLÄTZE IM RESTAURANT: 60 in zwei Räumen
GARTEN / VERANDAPLÄTZE: 40
LEITUNG DES HAUSES: Familie Alioli
RUHETAG: Sonntag
BETRIEBSFERIEN: nicht fest – besser vorher anrufen!
ÖFFNUNGSZEITEN: 12.00 – 15.00 Uhr, 19.00 – 23.00 Uhr
ANZAHL DER ZIMMER: keine

BEMERKENSWERTES: Hinter Bioggio westwärts kommen Sie bei Cademario in die Gebirgslandschaft des Malcantone, die eine Fahrt wert ist. Auf mehrere Gipfel führen Sesselbahnen. Wer nach der Panna Cotta noch ein bisschen Bewegung braucht: Die Usteria liegt wunderbar inmitten von Grün – wer will da weiter fahren?

RESTAURANT
WEIHERSCHLOSS BOTTMINGEN
4103 BOTTMINGEN BEI BASEL
TEL: 061/421 15 15
FAX: 061/421 19 15
e-mail: Gischig@SchlossBottmingen.ch
homepage: www.SchlossBottmingen.ch

ANREISE: Von Basel aus südwärts, über Binningen nach Bottmingen, ausgeschildert. Von der Autobahn bei Basel, Ausfahrt Richtung Delemont/Bruderholzspital.
NAVIGATION: Breite: 47°31,30/ Länge: 7°34,08
ENTFERNUNG NACH: Basel 5 km
KREDITKARTEN: alle gängigen

HISTORISCHES HAUS: Nachweis ab 1410; bedeutende Umbauten 1720
BESCHREIBUNG DES HAUSES: Ehemals gab es im Süden Basels drei Wasserschlösser, die in den Gewässern des Birsig standen: Benken, Bottmingen und Binningen. Nur Bottmingen steht heute noch als Wehrbau erkennbar, umgeben von einem glatten Wasserspiegel. Um 1350, von einem bischöflichen Dienstmannengeschlecht erbaut, wechselte es nach Zerstörung (1409) und Wiederaufbau oft die Besitzer. 1720 wurde das Gebäude, nach starker Verwahrlosung, vom Schlossherrn Deucher zum barocken Wohnschloss umgebaut. Die letzten privaten Besitzer des Gebäudes waren Bankiers im 19. Jahrhundert. Schon 1887 wurde hier ein Restaurant eröffnet. Es bietet zahlreiche Räume, darunter das A-la-carte-Restaurant (35 Plätze), das Schloss-Stübli (8-20 Plätze), aber auch eine

romantische Terrasse mit 80 Plätzen. Die Einrichtung ist elegant und zurückhaltend und entspricht durchaus dem Ambiente des Hauses. Die gehobene Küche ist in der Gegend recht bekannt. Schon deshalb, und weil das Restaurant nicht sehr gross ist, ist es unerlässlich, rechtzeitig zu reservieren oder vor einem Besuch wenigstens anzurufen!
Heute ist das Schloss Staatsbesitz und steht unter Denkmalschutz.

SPEIS UND TRANK: Gute gehobene, französische Küche. Etwa: Trio de canard aux griottes (Entenleber-Terrine, Enten-Mousse und warme Entenleber mit eingelegten Kirschen) CHF 38; Loup de mer et coquilles St-Jacques tièdes à la vinaigrette de betteraves rouges (warmer Seewolf und Jakobsmuscheln mit einer Randen-Vinaigrette (Rote-Beete-Vinaigrette)) CHF 32; Consommé de tomates aux ravioli de homard et basilic (Tomaten-Consommé mit Hummer-Ravioli und Basilikum) CHF 24; Suprême de poularde de mais aux champignons et vin jaune (Gebratene Maispoularden-Brust mit Pilzen an sähmiger Weisswein-Sauce, Gemüsen und hausgemachten Nudeln) CHF 51; Surf & Turf (Frischer Hummer und US-Rindsfilet an zwei verschieden Saucen, Gemüse und Bratkartoffeln) CHF 66; Filets de sole au Noilly-Prat aux légumes du marché (Seezunge mit trockener Vermouth-Sauce, dazu Gemüse und gemischter Reis) CHF 56. Wunderbare Desserts wie Crème brulée suisse oder sorbet quetsches (Zwetschkensorbet). Die Karte wechselt alle drei bis vier Wochen. Das Mittag- und Abendmenü wöchentlich. Die Weinkarte umfasst 300 Weine aus aller Welt: im Keller lagern über 30.000 Flaschen.

WARME KÜCHE: 12 - 14 Uhr, 18 - 21 Uhr
PLÄTZE IM RESTAURANT: 50
VERANSTALTUNGSRÄUME: Räumlichkeiten/ Säle für 8 - 150 Personen
GARTEN / VERANDAPLÄTZE: 80
LEITUNG DES HAUSES: Familie R. Gischig-Steiner
RUHETAG: Sonntag und Montag
BETRIEBSFERIEN: Mitte bis Ende Juli
ANZAHL DER ZIMMER: keine

BÜRGENSTOCK HOTELS
6363 BÜRGENSTOCK
TEL: 041/611 05 45
FAX: 041/610 76 88
e-mail: information@buergenstock-hotels.ch
homepage: www.buergenstock-hotels.ch

ANREISE: Autobahn Luzern – Gotthard bis Ausfahrt Stans oder Buochs, über Ennetbürgen auf den Bürgenstock hinauf. Oder: mit dem Schiff über den Vierwaldstättersee zur Schiffsstation Kersiten. Von dort mit der Seilbahn auf den Bürgenstock. Anreise auch mit Helikopter möglich.
NAVIGATION: Breite: 46°59,48/ Länge: 8°22,44
ENTFERNUNG NACH: Luzern 15 km
KREDITKARTEN: alle gängigen

HISTORISCHES HAUS AUS DEM JAHRE: 1873 (Grand Hotel), 1904 (Palace Hotel)
BESCHREIBUNG DES HAUSES: Der Bürgenstock ist eine gebirgige, waldige Halbinsel, die in den Vierwaldstättersee hineinragt. Von der Seeseite her wundert sich der Reisende, wie die 450 m hohen, steilen Hänge zu erklimmen seien – doch schon 1888 wurde hier eine elektrische Seilbahn eröffnet, die heute noch funktioniert. Aus verschiedenen Gründen ist der Bürgenstock etwas ganz Besonderes: Nachdem 1872 die Strasse von Stansstad dort hinauf gebaut wurde, entstand ein Jahr später das Grand Hotel. Eine solche Lage musste das internationale Publikum anziehen, und bald war das Grand Hotel so erfolgreich, dass die Familie Frey sich entschloss, ein weiteres Hotel zu bauen: das 1888 eröffnete Park Hotel. Man

soll nicht annehmen, dass es hier, mitten im Grünen, nicht schon damals moderne Annehmlichkeiten gab, die selbst in den Städten nicht immer üblich waren: 1887 war ein Elektrizitätswerk eröffnet worden und ab 1888 gab es eine eigene Wasserversorgung. Als 1904 schliesslich das Palace Hotel dazu kam, war die Trilogie perfekt. Noch im selben Jahr entstand der Hammetschwand-Lift, der noch heute der grösste und schnellste Freiluft-Aufzug Europas ist und ganz auf die Spitze der Halbinsel führt. Die drei Bürgenstock Hotels mit Restaurants, Freiluftpools, Hallenbad, alpinem 9-hole-Golfplatz, Tennisplätzen, Fitness-Center und aussergewöhnlicher, weltbekannter Kunstsammlung sind heute eines der letzten grossen Ensembles der Luxus-Hotellerie in Privatbesitz. Schon durch ihre Lage, den unvergleichlichen Panoramablick über den ganzen Vierwaldstättersee und die Landschaft der Zentralschweiz prädestiniert, zählen sie zu den schönsten Hotels der Schweiz. Die Atmosphäre ist gepflegt und still und wird vor allem durch die Wälder bestimmt, die die drei Hotelpaläste umgeben. Über das ganze Areal verteilt finden Sie Restaurants, Bars, den Bürgenstock-Club, Geschäfte, ein Postbüro, einen Coiffeur, Juwelier usw. Diese kleine Stadt im Grünen umfasst heute über 50 Gebäude, 10 km Strassen und Wege und ein Wald- und Wiesengebiet von etwa 600.000 m^2. Besonders schön sind Grand Hotel und Palace Hotel, die noch im alten Glanz erstrahlen und eine ganz eigene Atmosphäre haben. Durch die üppige Architektur, die dauernde Präsenz der Natur sowie die prachtvollen Gemälde und Möbel (aus dem 16.-20. Jahrhundert), fühlt man sich wie in einer Sommerresidenz, wo städtischer (oder fast höfischer) Luxus und ländliche Stille zusammentreffen.

SPEIS UND TRANK: Die Restaurants des Bürgenstocks bieten allerfeinste, gehobene ebenso wie bodenständigere gute Küche der Region (in der Taverne). Sie haben die Wahl zwischen dem französischen Gourmet-Restaurant »Le Club« im Bürgenstock Club, dem Panorama-Restaurant »Da Tintoretto« im Park Hotel und dem rustikal-gemütlichen Restaurant »Taverne«, sowie dem Gartenrestaurant. Auf der Bergspitze befindet sich das Restaurant »Hammetschwand«. Hier werden Snacks gereicht. Beim Golfplatz gibt es im Clubhaus Abendessen für kleinere Gesellschaften. Armin Amrein's Stroganoff mit Rösti CHF 51; Diverse Röstis von CHF 17.50-22.50, z.B. Tavernen Rösti (Schinken, Raglettekäse, Spiegelei), Nidwalder Rösti (gebatener Speck, frittierte Zwiebeln, Spiegelei) oder Vegirösti (mit frischem Gartengemüse an Kräuterquarksauce; Crèpe Suzette »Le Club« am Tisch zubereitet CHF 25; Beeren unter dem Strudelblatt mit Reiseis CHF 22.

WARME KÜCHE: 11 – 23 Uhr. Die Zeiten variieren je nach Restaurant, erkundigen Sie sich beim Concierge!
PLÄTZE IM RESTAURANT: »Le Club«: 300, »Da Tintoretto«: 180, »Taverne«: 80
TERRASSENPLÄTZE: »Le Club«: 300, »Da Tintoretto«: 180, »Taverne«: 80
VERANSTALTUNGSRÄUME: viele Möglichkeiten
LEITUNG DES HAUSES: Patrice Glogg
RUHETAG: keiner
BETRIEBSFERIEN: keine
ANZAHL DER ZIMMER: in 3 Hotels: 183
ZIMMERPREISE VON: 220 – 640 CHF; Spezial-Angebote für Ostern und Pfingsten sowie für Golf und Wellness.
SPORTMÖGLICHKEITEN IM/AM HAUS: Beheiztes Innen- und Aussenschwimmbad (sehr gross und schön) von 9-18 Uhr, 9-holes-Golfplatz. 2 Tennisplätze, Fitness-Club mit Luxus-Sauna, Dampfbad, Massage, Solarium.

BEMERKENSWERTES: Erklimmen Sie über den Felsenweg oder mit Hilfe des Aufzugs den Bürgenstock und Sie werden, vor dem Berghaus Hammetschwand, einen noch unglaublicheren Rundblick über die Zentralschweiz haben! Oder fahren Sie direkt vom Fuss des Bürgenstock aus mit dem Raddampfer nach Luzern.

HOTEL STADTHAUS
KIRCHBÜHL 2
3400 BURGDORF
TEL: 034/428 80 00
FAX: 034/428 84 84

ANREISE: Autobahn N1 Zürich-Bern bis Ausfahrt Kirchberg, Landstrasse bis Burgdorf. Stadthaus im Ortszentrum.

NAVIGATION: Breite: 47°03,22/ Länge: 7°37,34
ENTFERNUNG NACH: Bern 12 km
KREDITKARTEN: alle gängigen

HISTORISCHES HAUS AUS DEM JAHRE: 1746
BESCHREIBUNG DES HAUSES: Schon seit 1300 hatte Burgdorf das Anrecht auf ein Rathaus – allerdings war erst 1364 das Geld für einen Bau beisammen. Anfang des 18. Jahrhunderts kam dann zum Rathaus eine Taverne hinzu, ganz in der Nähe des heutigen Stadthauses. 1746 genehmigte der Rat der Stadt den Neubau eines Stadthauses, in dem ebenfalls wieder ein Gasthof untergebracht sein sollte. 1750 war das neue, heute noch erhaltene Gebäude fertig. Mit seinem Grundriss von 33 auf 21 Metern zählt es zu den imposantesten Barock-Bauwerken in diesem Kanton. Bemerkenswert ist die wunderschöne, etwas wuchtige Colonnade, die längste im Bernerland. Inzwischen ist das Rathaus der Stadt Burgdorf nicht mehr im Stadthaus, aber immer noch in der unmittelbaren Nachbarschaft. Das »Stadthaus« ist heute ein gepflegtes Hotel mit einer glasüberdachten Halle mit Gemälden von regionalen Künstlern,einem prächtigen Treppenaufgang und einem hübschen Restaurant. Überall merkt man diesem Haus

noch an, dass zu seinem Bau 220 Tannen aus den Gutenburg-Wäldern verwendet wurden. Der Fassaden-Sandstein findet sich in den Säulen, in den Wänden der Halle und im Treppenaufgang wieder. Hotel und Restaurant sind – nach häufigem Pächterwechsel – wieder zu Aushängeschildern dieser reizvollen Kleinstadt geworden.

SPEIS UND TRANK: Das Haus bietet gepflegte Küche mit frischesten Zutaten. Die Karte wechselt häufig.

WARME KÜCHE: 11.30 Uhr bis 22 Uhr
PLÄTZE IM RESTAURANT: 25, 45
VERANSTALTUNGSRÄUME: Grosser Saal (110 Plätze), Chemineesäli (40 Plätze).
GARTEN / VERANDAPLÄTZE: 30
LEITUNG DES HAUSES: Christian Caprez
RUHETAG RESTAURANT: Juni bis September: Sonntag
BETRIEBSFERIEN: bitte erfragen.
ANZAHL DER ZIMMER: 13
ZIMMERPREISE VON: CHF 105 bis 180
SPORTMÖGLICHKEITEN IN DER NÄHE: Hallenbad, Curlinghalle, Hallentennis, Squash, Minigolfanlage, Kunsteisbahn, Reithalle.

BEMERKENSWERTES: Schön sind Wanderungen rings um den Planetenweg, wo sich auch das Wanderzentrum von Burgdorf befindet. In jedem Fall lohnt ein Rundgang durch die schöne Altstadt, das – wie von der Zeit unberührt – auf der Höhe eines Hügels liegt. Fragen Sie nach dem Kornhaus-Museum und dem Schloss!

RISTORANTE DA CANDIDA
VIALE MARCO DA CAMPIONE 4
6911 CAMPIONE D'ITALIA
TEL: 091/649 75 41
FAX: 091/649 75 41

ANREISE: Von Norden oder Süden: E9 bis Ausfahrt Campione, in den Ort, zum Hauptplatz am Ufer. Die viale Marco da Campione ist die Verlängerung des Uferplatzes. Von Lugano aus ist es schöner, mit der Fähre nach Campione zu fahren!
NAVIGATION: Breite: 45°58,05/ Länge: 8°58,15
KREDITKARTEN: alle gängigen

HISTORISCHES HAUS AUS DEM JAHRE: 1886 oder früher
BESCHREIBUNG DES HAUSES: Gleich schräg gegenüber von Lugano liegt Campione am See: eine absolute Besonderheit. Campione ist ein Stückchen Italien, umgeben von der Schweiz – weshalb ein Italiener diesen Zipfel seines Landes nur mit einem gültigen Pass erreicht. Schon die Römer hatten hier eine Befestigungsanlage errichtet, das Schloss von Campilionum, um das herum sich später der Ort entwickelte. 777 schenkte ein gewisser Totone aus diesem wirtschaftlich nicht unbedeutenden Flecken all sein Hab und Gut der Kirche. Der Kaufmann mag reich gewesen sein, aus der Schenkung wurde immerhin eine Art Kleinstaat für sich, der während des gesamten Mittelalters Bestand hatte. Als das Tessin 1512 schweizerisch wurde, hätten die Schweizer sich beinahe auch Campione einverleibt – wenn nicht die Äbte des Hl. Ambrosius protestiert hätten. So blieb Campione unabhängig, bis Napoleon es letztlich Como zuordnete.

Heute ist Campione d'Italia vor allem als Steueroase und wegen seines Casinos bekannt. Dass es hier auch eines der schönsten und angenehmsten Restaurants am Luganer See gibt, ist weniger bekannt, und man sollte die Adresse eigentlich für sich behalten: Das Ristorante Da Candida ist wirklich ein Glücksfall. Schon 1886 wurde hier, in den ehemaligen Speiseräumen der Nonnen aus der nebenan liegenden Kirche, ein Lokal eröffnet: die »Taverna del Salone«, die 1912 die jungen Eheleute Candida und Ido Verda übernahmen. Aus Candida wurde im Lauf der Jahre »Mamma Candida«, nicht nur in Campione bekannt. Sie leitete das Haus mehr als 60 Jahre lang. Berühmtheiten aus Literatur, Malerei und Politik liessen es sich hier schmecken, und auch Romy Schneider und Alain Delon kamen. Nach dem Tod der grossen Candida übernahm ihre älteste Kellnerin den Betrieb und führte ihn immerhin fast 30 Jahre. Dann kam Bernard Fournier. Der Koch aus der Lorraine, der in Frankreich und auf Kreuzfahrtschiffen tätig war, hatte mit seiner italienischen Frau zuvor ein gutgehendes Restaurant in Trento. Nach dem grossen Haus dort wünschte sich der Perfektionist ein Restaurant, in dem er seine Gäste wie zu Hause empfangen könnte. Hier fand er es: Einen eleganten, hochgewölbten Raum – mit einem Deckengemälde, das erst in den 40er Jahren bei Renovierungsarbeiten entdeckt wurde – mit gewaltigem Granitkamin, der nun liebevoll mit Antiquitäten möbliert wurde – und heute eine einmalige Ausstrahlung hat: Ein kleines Refugium mit der Stimmung der Belle-Epoque. Auf den edel gedeckten Tischen blitzt schweres Silber. Im Winter knistert im Kamin das Feuer, während es im Sommer angenehm kühl bleibt, eben nur wie in einem sehr alten Haus.

SPEIS UND TRANK: Bernard Fournier ist ein begnadeter Maître de Cuisine. Die Speisen sind frisch zubereitet, ausgewogen und von hohem Niveau. Sowohl das Brot, als auch das Gebäck, das zum abschliessenden Kaffee gereicht wird, ist fait maison - ein Wunder an Organisation, angesichts der kleinen Küche dieses wunderbaren Restaurants! Jedes der Gerichte verdeutlicht, weshalb Bernard Fourniers Küche mit Sternen, Hauben und Kochlöffeln versehen wird. Unter den Speisen könnten Sie finden: geräucherter Entenbrustsalat mit Sesam CHF 16; Seebarsch-Carpaccio in Olivenöl mit Vanillearoma CHF 22; Entenleberterrine des Hauses mit Zwiebelmarmelade CHF 27; Strozzapretri (Mehlspatzen) nach Wahl CHF 15 -19; Rinderfilet mit Morcheln CHF 38; Entenfilet in Honig-Lavendelsauce CHF 34; 1/2 Hummer in Sosse CHF 34; Seebarsch in Blätterteig mit Weissbutter CHF 34; »Etwas Leichtes aus dem Meer« CHF 30 - 35. Dass man sich hier in der Schweiz befindet, merkt man schon daran, dass - anders als in Italien ansonsten üblich - alle Fisch- und Fleischspeisen mit Beilagen serviert werden. Unglaublich ist das Überraschungsmenü, das vier Gänge mit Fisch oder Fleisch und Dessert zu CHF 53 bietet. Zum Mitnehmen, und als eine Erinnerung an ein wunderbares Essen, gibt es hausgemachte Terrinen, mariniert mit Vino Santo da Bernard.

WARME KÜCHE: 12.00 - 14.15 Uhr, 19.00 - 23.00 Uhr
PLÄTZE IM RESTAURANT: 28 in einem Raum
LEITUNG DES HAUSES: Familie Fournier
RUHETAG: Montag ganztags, Dienstags mittags
BETRIEBSFERIEN: stehen noch nicht fest
ANZAHL DER ZIMMER: In Planung sind Gästezimmer mit viel Charme in der ersten Etage. Campione liegt unweit der von uns vorgestellten Häuser in Lugano und Caslano.

BEMERKENSWERTES: Die Steinmetze und Architekten aus Campione wurden in der weiten Welt als »Maestri Campionesi« berühmt und arbeiteten unter anderem am Mailänder Dom. Die wandernden Künstler sind übrigens der Grund dafür, weshalb sich im Stadtwappen eine Schnecke befindet: Auch die Maestri verliessen zum Arbeiten ihre Heimat.
Im (modernen) Casino treten heute Stars aus der ganzen Welt auf und auch an den Spieltischen geht es international zu.

ALBERGO GARDENIA
VIA VALLE
6987 CASLANO
TEL: 091/611 82 10
FAX: 091/611 82 11
e-mail: albergo-gardenia@bluewin.ch

ANREISE: Von Lugano Landstrasse Richtung Ponte Tresa (italienische Grenze) bis Caslano. Im Ort links von der via Cantonale abbiegen, in die via Campagna, über die Bahngleise und geradeaus bis rechts zur via Valle. Hier finden Sie nach einigen Metern das »Gardenia«. Das Hotel übernimmt auch den Transfer vom Bahnhof Caslano, oder vom Flugplatz in Agno.
NAVIGATION: Breite: 45°58,16/ Länge: 8°52,59
KREDITKARTEN: alle gängigen

HISTORISCHES HAUS: ca. aus dem Jahre 1850
BESCHREIBUNG DES HAUSES: Hinter der fast nüchternschlichten neoklassischen Fassade dieses schönen Hauses verbarg sich noch bis 1929 eine Klosterschule, die der Kirche von Caslano gehörte. Als der Kurie der Unterhalt jedoch zu teuer wurde, brachte man in den historischen Mauern zuerst eine Matrazenfabrikation unter, später eine Seidenraupenzucht. Nach 1960 wurde das Haus dann zu einem einfachen Hotel umgebaut. Nach grundlegenden Restaurierungsarbeiten 1990 ist das Haus heute ein ruhiges, komfortables Viersterne-Hotel, das in seinem unglaublichen, fast tropischen Garten in völliger Stille liegt. Im Inneren wurden die alten Mauern wieder sichtbar gemacht. Seit vier Jahren leitet Familie Piazzoli

das Haus, und hat das Niveau dieser Oase zwischen Kamelien, Oleander und Palmen noch angehoben. Die Zimmer sind zwar eher modern, durch den sicheren Stil der Hausherrn aber von angenehmer Ausstrahlung und sehr komfortabel. Nachmittags können Sie dann auf einer Liege im Garten, unter Palmen oder am Pool träumen.

SPEIS UND TRANK: Hier ist der Hausherr auch Küchenchef: Bei schönem Wetter bietet Silvano Piazzoli unter den antiken Gewölben des »Ai Portici« allabendlich ein Gourmet-Menu. Die Karte mit leichten, mediterranen Gerichten könnte – je nach Marktangebot – etwa Folgendes bieten: Rohes Rindfleisch mit rosa Grapefruit und Hüttenkäse CHF 24; Lachsforelle aus der Magliasina auf Salatbett mit Pesto CHF 23; Fischsuppe mit gebackenen Riesengarnelen CHF 18; hausgemachte schwarze Taglierini an Tintenfisch-Tomaten-Ragout CHF 21; gebratene Lammkoteletts mit Gorgonzola überbacken und Sommertrüffelsauce CHF 39; gebratenes Entenbrüstchen an Apfelsauce mit Rosinen CHF 38; gedämpfte St. Petersfischfilets an Limettenrahm CHF 40, Tessiner Ziegen-Frischkäse mit Rucolasalat und Birnen CHF 13; Panna cotta an Vin Santo-Geschmack mit hausgemachten Cantucci CHF 14; Früchtemosaik und seine Sorbets CHF 15. Frühstück und Abendessen werden auch im romantischen Hotelgarten serviert. Das kleine »Grotto« gleich gegenüber gehört auch zum »Gardenia« dazu: Hier gibt es die Grotto-üblichen Tessiner Leckereien wie etwa Polenta e Gorgonzola CHF 13; Ossobucco di vitello in gremolata CHF 25; Vitello tonnato CHF 17, 1/2 Port. CHF 10;

WARME KÜCHE: Restaurant: 12.00 – 14.00 Uhr und 18.30 – ca. 22 Uhr; im Grotto: 19 – 21.00 Uhr
PLÄTZE IM RESTAURANT: 20; Grotto: 48
GARTEN / VERANDAPLÄTZE: 60 – 70
LEITUNG DES HAUSES: Familie Piazzoli
RUHETAG: Hotel: keiner; Restaurant: Mittwoch; Grotto: Dienstag und Mittwoch mittag
BETRIEBSFERIEN: Januar bis März
ANZAHL DER ZIMMER: 26
ZIMMERPREISE: DZ: 300 CHF; DZ grandlit CHF 250; Favoloso-Zimmer (noch geräumiger) CHF 350; Panoramadoppelzimmer mit Wintergarten CHF 410.
SPORTMÖGLICHKEITEN
IM/AM HAUS: beheiztes Schwimmbad, Whirlpool, Mountainbike, Gartenschach
IN DER NÄHE: Der Golfclub Lugano ist 5 Minuten vom Hotel entfernt. Insgesamt finden Sie aber 14 Golfplätze in der nahe gelegenen Lombardei, und ganz in der Nähe Tennis, Reiten, Windsurfen.

BEMERKENSWERTES: Gleich am Haus gegenüber erhebt sich das Grün des Monte Sassalto, einer Halbinsel, die in den Lago di Lugano hineinragt. Auf diesem so genannten Monte Caslano wachsen viele Pflanzen, die es nur hier und sonst nirgendwo in der Schweiz gibt. Schon deshalb ist der »Sentiero Didattico« (der Lehrpfad) einen Ausflug wert. Es locken aber auch traumhafte Ausblicke auf den wunderschönen See!

HOTEL CHESA ROSATSCH
7505 CELERINA/SCHLARIGNA
TEL: 081/837 01 01
FAX: 081/837 01 00

ANREISE: Autobahn N13 Chur – Bellinzona bis Ausfahrt Thusis, Landstrasse über Tiefencastel und den Julierpass nach St. Moritz, nordwärts weiter bis Celerina. Oder durch den neuen Vereina-Tunnel ins Tal und südwärts bis Celerina. Chesa Rosatsch im kleinen historischen Ortskern.

NAVIGATION: Breite: 46°30,47/ Länge: 9°51,40
ENTFERNUNG NACH: St. Moritz 2 km
KREDITKARTEN: alle gängigen

HISTORISCHES HAUS: ca. 1670
BESCHREIBUNG DES HAUSES: Das idyllische Dorf Celerina gilt als die »Sonnenstube« des Engadin. Hier ist der Inn nichts als ein winziges Flüsschen, das neben der Chesa Rosatsch fliesst, und den Garten des über 300 Jahre alten Hauses begrenzt. Wie alle Häuser hier, ist auch diese Chesa ein massives Gebäude mit schweren Mauern, die selbst dem schwersten Winter trotzen. Gleich rechts kommen Sie in die historische Gaststube mit wunderschönen Täfelungen und einer prachtvollen Holzdecke aus dem 18. Jahrhundert. Dahinter liegt der eher modern wirkende Speiseraum des Restaurants mit ebenfalls schwerer, prächtiger Holzdecke. In diesem verwinkelten Gebäude wurden 24 heimelige Gästezimmer eingerichtet, die sich allerdings nicht für Gehbehinderte eignen. Zu den architektonischen Gegebenheiten eines wirklich alten Hauses gehören eben auch unzählige Absätze, Treppen und Winkel.

SPEIS UND TRANK: Frische Küche aus den Produkten des Hochgebirgstales, z.B. das Bündner Menü Rosatsch: mit Bündner Fleisch Carpaccio mit Balsamicosauce und marinierten Steinpilzen, Engadiner Hochzeitssuppe, Lammcarré unter einer Senf-Kräuterkruste anbei ein Gemüsebouquet und Parfait vom Bündner Berghonig mit Baumnuss-Krokant auf Orangenspiegel für CHF 79. Die verschiedenen Gänge der Menüs können auch einzeln bestellt werden.

WARME KÜCHE: Restaurant »La Cuset«: 12 - 22 Uhr; Restaurant »Stüvas«: 18.30 - 21.30 Uhr
PLÄTZE IM RESTAURANT: 60
GARTEN / VERANDAPLÄTZE: 50 im Garten (am Inn)
LEITUNG DES HAUSES: Christian Caflisch
RUHETAG: keiner
BETRIEBSFERIEN: Mitte April - Mitte Juni
ÖFFNUNGSZEITEN REZEPTION: 7.30 - 24 Uhr
ÖFFNUNGSZEITEN RESTAURANT: »La Cuset«: 7.30 - 23 Uhr, »Stüvas«: 18.30 - 24 Uhr
ANZAHL DER ZIMMER: 36
ZIMMERPREISE VON: DZ: CHF 95 - 210 pro Person inkl. Frühstück

SPORTMÖGLICHKEITEN:
IM/AM HAUS: Langlaufloipe (2 min. vom Haus entfernt), Wanderungen
IN DER NÄHE: Alpiner Skilauf (Gondelbahn ganz in der Nähe), Curling, Eislauf, im Sommer: Wandern, Tennis, Fitness, Golf, Sommerski, Schlauchbootfahrten auf dem Inn, Fischen, Surfen.

BEMERKENSWERTES: Von der Chesa aus sehen Sie, einsam zwischen den Feldern stehend, die kleine San-Gian-Kirche. Einst hatte sie einen hohen spitzen Turm. Im Inneren finden Sie gut erhaltene Fresken aus dem 13. Jahrhundert.

HOTEL STERN
REICHSGASSE 11
7002 CHUR
TEL: 081/252 35 55
FAX: 081/252 19 15
e-mail: info@stern-chur.ch

ANREISE: Autobahn N 13 Zürich-Chur oder St. Gallen-Chur bis Chur. Hotel in der Stadt ausgeschildert.
NAVIGATION: Breite: 46°51,03/ Länge: 9°32,02
ENTFERNUNG NACH: Luzern 140 km, Zürich 118 km, St. Gallen 102 km
KREDITKARTEN: alle gängigen

HISTORISCHES HAUS AUS DEM JAHRE: 1677
BESCHREIBUNG DES HAUSES: Hier, am Churer Untertor, mündete die »Deutsche Strasse« in die Stadt hinein. Natürlich musste an einem solchen Verkehrsknotenpunkt auch eine Herberge stehen. Um die Mitte des 19. Jahrhunderts zählte der Stadtarchivar Jecklin den »Sternen« zu den fünf angesehensten Churer Gasthäusern. 1828 hatte James Fenimore Cooper, der Vater von »Lederstrumpf« hier an der »Table d'hote« gespeist – und 1948 wohnten Bert Brecht, Helene Weigel und Caspar Neher für fünf Wochen in diesem Haus, während die Uraufführung von Brechts Antigone-Fassung vorbereitet wurde. Immer noch ist der »Stern« bei den Mitgliedern des Stadttheater-Ensembles sehr beliebt. In den Gasträumen im Erdgeschoss, mit ihren prunkvollen, hellen Holztäfelungen der letzten Jahrhundertwende, merkt man deutlich, dass dieses Haus immer noch einer der wichtigen Treff-

punkte der Stadt ist. Die 55 Zimmer sind alle mit Arvenholz getäfelt.

SPEIS UND TRANK: Churer Ratsherrenplatte (Kalbs-, Rinds- und Schweinefilets vom Grill auf Bizochels Gran Alpin Kräuterjus, Gemüsegarnitur, gedämpfter Apfel und Därrbirne) CHF 39; Maluns mit hausgemachtem Apfelmus und Alpkäse. (Einst Kraftspender der alten Rätier, ist heute Leibgericht vieler Einheimischer und Heimwehbündner!) CHF 18.50; Capuns sursilvans (Bündner Oberländer Krutkapuna Krautwickel in Milch-Bouillon gekocht und mit Käse überbacken) CHF 24; Châteaubriand CHF 49; Bündner Salzis auf Holzteller mit Puschlaver Roggenbrot (Salzis ist eine Graubündner Wurstspezialität); Bündner Rohschinken; Z'Marend im Schtärna (Bündnerfleisch, Rohschinken, Coppa, Speck, Salsiz, Engadiner Hauswurst, Alpkäse); Zahlreiche Bündner Speisen nach historischen Rezepten, z.B. Hexenpolenta (Bramataschnitten aus grobgemahlenem Mais, mit Weinbeeren und hausgemachtem Apfelmus). Ausgesuchte Weine aus den besten Lagen des Bündner Rheintales.

WARME KÜCHE: 11.30 - 22 Uhr
PLÄTZE IM RESTAURANT: 75
GARTEN / VERANDAPLÄTZE: 16
LEITUNG DES HAUSES: Markus Bertschi
RUHETAG: keiner
BETRIEBSFERIEN: keine
ÖFFNUNGSZEITEN RESTAURANT: 9 - 24 Uhr
ANZAHL DER ZIMMER: 64
ZIMMERPREISE: EZ: CHF 110 - 145, DZ: CHF 190 - 290;

Appartements mit Salon: 2 Personen CHF 290, 3 Personen CHF 384; 5 Personen CHF 400, inkl. Frühstück; HP ab 3 Übernachtungen möglich: CHF 40 pro Person
SPORTMÖGLICHKEITEN IN DER NÄHE: Hallenbad, Freibad, Kunsteisbahn, Reithalle, Tennis, alle Skisportmöglichkeiten

BEMERKENSWERTES: Bahnreisende werden auf Voranmeldung gratis mit dem Hotel-Oldtimer am Bahnhof abgeholt. Im Haus selbst gibt es eine Ausstellung mit Kutschen der vorletzten Jahrhundertwende. Und im September feiert die »Schlagerparade« durch die ehrwürdige Stadt.

POSTHOTEL CHURWALDEN
HAUPTSTRASSE 9
7075 CHURWALDEN
TEL: 081/382 02 82
FAX: 081/382 02 81
e-mail: info@posthotel-churwalden.ch
homepage: www.posthotel-churwalden.ch

ANREISE: Autobahn N13 bis Chur, dann Landstrasse südwärts bis Churwalden.
NAVIGATION: Breite: 46°47,42/ Länge: 9°31,55
ENTFERNUNG NACH: Chur 9 km
KREDITKARTEN: alle gängigen

HISTORISCHES HAUS AUS DEM JAHRE: 1610
BESCHREIBUNG DES HAUSES: Dieses behäbige, aber schöne Haus an der schmalen Landstrasse, die von Chur nach Lenzerheide und Tiefencastel führt, war einmal Stammsitz einer Familie von Buol, deren Mitglieder über mehrere Generationen wichtige, hohe Beamte waren. Einer der Buols war als Bundeslandammann im 17. Jahrhundert sogar der höchste Mann im Zehngerichtebund. 1806 wird erstmals eine »Gengelsche Gaststube« im Hause erwähnt. Seitdem befand sich dort immer ein Gasthof, der auch Zimmer vermietete, aber erst seit etwa 1870 zu den besseren Häusern des Städtchens Churwalden gehört. Ab 1880 wurde sogar die Poststelle hierher verlegt – und das war immer eine besondere Ehre. Hinter den dicken, schweren Mauern des Hauses befinden sich heute ein Restaurant, ein Café und eine Bar.

SPEIS UND TRANK: Die Karte des Restaurants könnte u.a. Folgendes bieten: Kartoffelsuppe mit frischen Pilzen und Kräutern CHF 7; Carpaccio di manzo: Carpaccio vom Rind CHF 16.50; marinierter Fenchelsalat mit Orangenfilets und Parmaschinkenstreifen CHF 9.50; hausgemachte Nüdeli an Trüffel-Rahmsauce mit schwarzen Piemont Trüffeln CHF 28.50; Weissweinrisotto mit Tomatenwürfeln und gemischten Meeresfischen CHF 27.50; geschnetzelte Kalbsleber mit Zwiebeln in Butter gebraten und im Pfännli serviert CHF 28.50; zarte Schnitzel von der Kalbsnuss mit frischer Butter und Zitronensaft CHF 29.50; Riesencrevetten mit Knoblauch und Olivenöl im Pfännli gebraten CHF 39.50; (Hauptgerichte mit Beilage nach Wahl: Teigwaren, Polenta, Reis, Risotto, Tagesgemüse und Kartoffeln); Pannacotta-Vollrahmknöpfli mit gemischter Früchtesauce CHF 8.50; warme Rotwein-Zwetschgen mit Zimt-Glace CHF 9.50; »hausgemachte Zuccott« gemischte Glace mit kandierten Früchten umhüllt von einem Bisquitteig CHF 8.50.

WARME KÜCHE: Sommer: 12.00 – 14.00 Uhr, 18.00 – 22.00 Uhr; im Winter abends eine Stunde länger
PLÄTZE IM RESTAURANT: 50, Ahnensaal: 45
GARTEN / VERANDAPLÄTZE: 16
LEITUNG DES HAUSES: Urli Weninger
RUHETAG: Winter: keiner; Sommer: Montag und Dienstag
BETRIEBSFERIEN: Ende Oktober bis 1. Woche Dezember
ÖFFNUNGSZEITEN REZEPTION: 9.00 – 24.00 Uhr
ANZAHL DER ZIMMER: 15
ZIMMERPREISE: Sommer: CHF 150 – 190;
Winter: DZ: CHF 160 – 240

SPORTMÖGLICHKEITEN IN DER NÄHE: Wandern, Schwimmen, Tennis, Fitness-Parcours, Skisport, Langlauf, Schlittenfahrten, Eislaufen.

BEMERKENSWERTES: Im Ort sollten Sie sich die spätgotische, unter Denkmalsschutz stehende Klosterkirche Churwalden ansehen, in der noch die Reste der romanischen Vorgängerin deutlich zu sehen sind.

HOTEL DU LAC
GRAND RUE
1296 COPPET
TEL: 022/776 15 21
FAX: 022/776 53 40

ANREISE: Autobahn E62 Lausanne – Genf bis Ausfahrt Coppet. Coppet liegt direkt am Genfer See, das Hotel du Lac auf der Seeseite an der Hauptstrasse.
NAVIGATION: Breite: 46°18,58/ Länge: 6°11,35
ENTFERNUNG NACH: Lausanne 35 km, Genf 12 km
KREDITKARTEN: Amex, Eurocard, Diners, Visa

HISTORISCHES HAUS AUS DEM JAHRE: 1628
BESCHREIBUNG DES HAUSES: Dieses von der Strassenseite her eher unscheinbar wirkende Haus direkt am Seeufer hat eine lange Hoteltradition: Schon 1628 wurde dem Hotel du Lac aufgrund »oberkeitlicher Verordnung« das »alleinige Recht« zugesprochen, »mit Kutsche oder zu Pferde ankommende Reisende zu empfangen und zu beherbergen«. Die »gewöhnlichen« Wirtshäuser, im Französischen auch »cabarets« genannt, durften damals nur Reisende aufnehmen, die zu Fuss ankamen. Eine Eingabe der Stadt Coppet aus dem Jahre 1786 an »Schultheiss, Rath und Bürger der Stadt Bern« erklärt dieses sehr standesbewusste Vorgehen: »Die Unterschiede in Stand und Vermögen sind so gross, dass eine gute Gesetzgebung einem jeden so weit wie möglich zu einem standesgemässen Nachtlager verhelfen muss. Dieses kann und darf nicht das gleiche sein. Der betitelte, wohlhabende Mann mit Vierspänner, begleitet von zahlreichen Bedienten, darf nicht mit dem

Bauern, dem Handwerker, dem Scherenschleifer, dem Handlanger oder dem Kaminkehrer untergebracht werden. Letzere hätten zu sehr darunter zu leiden ...« Das »Grand Logis« zeichnet sich heute durch seine angenehme, ruhige Atmosphäre aus (das Haus öffnet sich deutlich zum See, und wirkt nur von der Strasse aus etwas kühl). Seine gepflegten Räume, die grosse Terrasse und der Garten am Seeufer sind wirklich wunderschön. Eine Besonderheit sind allerdings die Gästezimmer unter dem Dach mit wunderbaren historischen Balkendecken in teils waghalsigen Dachschrägen. Im Haus befinden sich ausserdem eine Rôtisserie und eine Bar.

SPEIS UND TRANK: Gehobene, der Atmosphäre des Hauses entsprechende französisch orientierte Küche, z.B.: Crème d'artichaut (Artischockencreme) CHF 19; tortellini de langoustines et topinambours, jus de homard crème (Langustinen-Topinambur-Tortellini mit Hummercreme) CHF 45; le homard au vinaigre de balsamique, petites pâtes tièdes aux olives noires et son bouquet de salade (Hummer mit Balsamico-Essig, lauwarmen Nudeln und Salat) CHF 42; filet de saint-pierre cuit sur peau, cocos blancs à la tomate mi-sechée et cebettes (Petersfischfilet auf der Haut gegart, mit weissem Kokos und halbgetrockneten Tomaten) CHF 44; filet de sole au riz safrané et beurre persillé (Seezungenfilets mit Safranreis und Petersilienbutter) CHF 49; filet de boeuf au jus de cèpes, risotto aux échalottes confites (Rinderfilet mit Steinpilz-Jus, Risotto mit eingelegten Schalotten) CHF 50; suprême de volaille fermière cuit sur peau au gingembre et coriandre poelée d'endives aux petits légumes (Hühnerbrust auf der Haut gegart mit Ingwer und Koriander, Chirorée in der Pfanne gegart und Gemüse) CHF 39. Das Haus bietet auch Grillgerichte, die über dem offenen Holzfeuer zubereitet werden, z.B.: carré d'agneau, jus parfumé au thym (Lammkarree mit Thymian-Jus, für zwei Personen) CHF 104; chateaubriand, sauce béarnaise (für zwei Personen) CHF 100. Zu den wunderbaren Desserts zählen etwa: soufflé au chocolat et sa glace aux noix (Schokoladensoufflé mit Nusseis) CHF 18; croustillant de banane sur son parfait glacé à la cannelle (Banane überbacken auf halbgefrorenem Zimtparfait) CHF 16; soupe de mangue et son sorbet à la menthe (Mangosuppe mit Minzsorbet) CHF 17. Wunderbares Fischmenü »La Balade Océane« (ab zwei Personen) CHF 95 pro Person.

WARME KÜCHE: 12.00 - 14.15 Uhr, 19.00 - 22.15 Uhr
PLÄTZE IM RESTAURANT: Rôtisserie: 70, Salon privé: 10 - 40
GARTEN / VERANDAPLÄTZE: 60
LEITUNG DES HAUSES: Oswald Schnyder
RUHETAG: keiner
BETRIEBSFERIEN: keine
ANZAHL DER ZIMMER: 12 und 7 Suiten
ZIMMERPREISE VON: CHF 175 - 285, Suite: CHF 405 - 515
SPORTMÖGLICHKEITEN IM/AM HAUS: Wassersport, Schwimmen vom eigenen Steg aus, Tennis, Golf

BEMERKENSWERTES: Besuchen Sie vor allem das bemerkenswerte Schloss von Coppet, das im 18. Jahrhundert vollkommen neu erbaut wurde (von März bis Oktober täglich ausser Montag). Hier lebte die grosse Mme de Stael, eine der bedeutenden Figuren der Kultur ihrer Zeit. Auch Voltaire war gerne hier, als ihm in Frankreich der königliche Boden zu heiss wurde. Schön ist die spätgotische Kirche des Örtchens.

AUBERGE DU RAISIN
PLACE L'HOTEL DE VILLE
1096 CULLY
TEL: 021/799 21 31
FAX: 021/799 25 01

ANREISE: Autobahn E 62 Lausanne – Montreux bis Ausfahrt Chexbres, Landstrasse Richtung Lausanne bis Cully, das direkt am See liegt.

NAVIGATION: Breite: 46°29,18/ Länge: 6°43,47
ENTFERNUNG NACH: Lausanne 4 km
KREDITKARTEN: alle gängigen

HISTORISCHES HAUS AUS DEM JAHRE: 1839
BESCHREIBUNG DES HAUSES: Dieses hübsche, denkmalgeschützte Haus mitten im Ort war einmal das Rathaus der Stadt. Seit 1425 hatte hier ein Bürgerhaus gestanden, dessen Geschichte recht bewegt war, bevor es dem Rat der Stadt und der Gerichtsbarkeit diente. Da es wohl den neuen Aufgaben nicht gerecht wurde, erhielt 1839 der Lausanner Architekt Wenger den Auftrag, ein neues Gebäude zu erbauen, in dessen Räumen bis 1969 nicht nur eine »buvette«, also eine Art kleiner Bar, sondern auch Gerichtsbarkeit und Verwaltung von Cully untergebracht waren. Inzwischen ist die Auberge du Raisin allerdings ein international bekanntes Feinschmeckerrestaurant und ein hübsches Hotel.

SPEIS UND TRANK: Erstklassige Küche von hohem Niveau (auch bei den Preisen). Immerhin ist der Hausherr einer der besten Köche der Schweiz. Seine Karte ist den Jahreszeiten

angepasst, daneben gibt es interessante Menüs, die auch preislich locken (um CHF 65) und einen guten Überblick über die Raffinesse dieses Chefs geben. Monsieur Blokbergen ist ein wahrer Meister im Umgang mit Schalentieren und Fisch. Das zeigt sich z.B. bei seinem dos de loup de Mer aux épices (Seeteufelfilet mit Kräutern, CHF 69) oder bei seinem homard grillé et son risotto (gegrillter Hummer mit Risotto, CHF 79). Natürlich weiss der Hausherr auch perfekt ausgewogene Fleischgerichte zu kreieren, z.B. pintadeau de Bresse rôti au porto rouge (gebratenes Perlhuhn mit rotem Portwein). Danach locken Käseauswahl und Desserts vom Patissier.

WARME KÜCHE: 12.00 – 13.30 Uhr, 19.00 – 21.30 Uhr
PLÄTZE IM RESTAURANT: 50 + 35
LEITUNG DES HAUSES: Adolf Blokbergen
RUHETAG: fragen Sie nach – eine telefonische Reservierung ist hier sowieso unumgänglich
BETRIEBSFERIEN: keine
ÖFFNUNGSZEITEN: Restaurant: ab 12.00 Uhr; Rezeption: 8.00 – 0.00 Uhr
ANZAHL DER ZIMMER: 10
ZIMMERPREISE VON: CHF 320 bis 550
SPORTMÖGLICHEITEN IN DER NÄHE: Schwimmen, Golf, Wandern.

BEMERKENSWERTES: Spazieren Sie durch die Weinberge mit schönem Blick über den See. Musikalischer Höhepunkt des Jahres ist das Jazz-Festival von Cully und – nach Lausanne ist es nicht weit.

ADLER AUBERGE NAPOLÉON
FRUTHWILER STRASSE 2-4
8272 ERMATINGEN
TEL: 071/664 11 33
FAX: 071/664 30 11

ANREISE: Landstrasse B13 Kreuzlingen – Stein am Rhein bis Ermatingen. Die Adler Auberge ist dann nicht zu übersehen!
NAVIGATION: Breite: 47°39,58/ Länge: 9°04,26
ENTFERNUNG NACH: Kreuzlingen 4 km
KREDITKARTEN: alle gängigen

HISTORISCHES HAUS: heutiger Bau um 1500
BESCHREIBUNG DES HAUSES: Schon im Jahre 1270 wurde das Gasthaus »Adler« im »Urbar und Rodel« des Klosters Reichenau erwähnt – und es wundert kaum, dass dieses imposante, wunderschöne Riegelhaus zu den ältesten Gasthöfen im Thurgau gehört. Alexandre Dumas, Thomas Mann, Hermann Hesse und Graf Zeppelin haben hier verweilt, doch besonders stolz ist man auf Prinz Louis Napoléon, den späteren Kaiser Napoleon III., der mit seiner Mutter Hortense oft zu Gast war. Nachdem die ehemalige Königin sich 1818 im benachbarten Schloss Arenenberg niedergelassen hatte, versammelten sich in Ermatingen hochgestellte französische Exilanten, und bald wurde der »Adler« zum Schauplatz prunkvoller Versammlungen und Veranstaltungen. Auf der Fassade des Riegelbaus, der seine heutige Form um 1500 bekam, prangt das Fresko eines Hochzeitszuges, das der Maler José Sanz 1925 malte, nachdem er seine Zeche nicht bezahlen

konnte. Im Inneren bietet die holzgetäfelte Bauernstube eine eher gemütliche Atmosphäre, während das Restaurant Napoléon im 1. Stock stilvolles, historisches Ambiente mit prachtvoll bemalten Holztäfelungen zeigt.

SPEIS UND TRANK: Auch an der wunderbaren Küche der Familie Albert scheint die Zeit – im besten Sinne – spurlos vorübergegangen zu sein. Hier werden die Gerichte auf üppigen Platten an den Tisch gebracht, serviert und nachgelegt. Hier herrscht die Schweizer Küche vor: reichhaltig und einfach hervorragend. Ermatinger Fischsalat CHF 16.50; hausgemachte Geflügelleberterrine mit Toast und Butter CHF 14.50; Bouillon mit Mark CHF 9.50; Knoblauchsuppe CHF 9.50; Kutteln nach neuer Zürcher Art CHF 9.50; hausgemachte Steinpilzravioli CHF 19.50; Eglifilets à la meunière (Müllerin), Butterkartoffeln oder Kreolenreis CHF 35.50; Kalbssteak an Morchelrahmsauce, Butternudeln CHF 41.50; Entenbrust an Rotweinsauce, Kartoffelgratin, Gemüsegarnitur CHF 37.50; Felchenfilets à l'hôtelière mit Butterkartoffeln CHF 31.50; hausgemachte Mousse au chocolat CHF 11.50; hausgemachtes Karamelköpfchen mit Rahm CHF 8.50; hausgemachtes Soufflé Glace mit Grand Marnier CHF 12.50.

WARME KÜCHE: 11.30 – 14.00 Uhr, 18.00 – 21.30 Uhr
PLÄTZE IM RESTAURANT: 55 in vier Stuben, Napoléon-Restaurant: 30, roter Salon: 20
GARTEN / VERANDAPLÄTZE: 50
LEITUNG DES HAUSES: Herbert Albert
RUHETAG: Montag abend, Dienstag
BETRIEBSFERIEN: Februar

ANZAHL DER ZIMMER: 10 im modernen Nebengebäude
ZIMMERPREISE: EZ: CHF 85 – 110; DZ: CHF 150 – 190
SPORTMÖGLICHKEITEN IN DER NÄHE: Sie sind hier am Untersee, deshalb können Sie natürlich Schwimmen, Surfen, Segeln, aber auch Laufen, Tennisspielen oder Radfahren.

BEMERKENSWERTES: Besonders empfehlenswert ist der ganz in der Nähe gelegene Arenenberg mit Weinbau, aber auch das Napoleon-Museum im wunderschönen Schloss Arenenberg. In diesem Schloss, dessen Einrichtung noch vollständig erhalten ist, lebten die Bonapartes, die im »Adler« feierten. Von den Fenstern und Terrassenanlagen dieses architektonischen Juwels aus hat man einen unglaublichen, fast wehmütigen Blick über See und Land.

FISCHSTUBE SEETAL
UNTERE SEESTRASSE 60
8272 ERMATINGEN
TEL: 071/664 14 14
FAX: 071/664 32 14

ANREISE: Landstrasse B13 Kreuzlingen – Stein am Rhein bis Ermatingen. Fischstube gut ausgeschildert.
NAVIGATION: Breite: 47°40,15/ Länge: 9°04,52
ENTFERNUNG NACH: Kreuzlingen 4 km
KREDITKARTEN: alle gängigen

HISTORISCHES HAUS AUS DEM JAHRE: 1870
BESCHREIBUNG DES HAUSES: Das Örtchen Ermatingen liegt auf einer Landzunge im Untersee des Bodensees, direkt unterhalb des Einflusses vom Konstanzer Seerhein in den Untersee. Gegenüber liegt die bekannte Insel Reichenau. Kein Wunder, dass es hier viele Restaurants und Gasthöfe gibt, die Fischspezialitäten anbieten. Der Chef des Hauses ist in 4. Generation Berufsfischer und fährt jeden Morgen zum Fischen. Im hübschen Gastraum mit vielen Fenstern nach allen Seiten, steht ein schöner bunter Kachelofen aus dem 19. Jahrhundert. Die Atmosphäre ist angenehm, der Service sehr aufmerksam und freundlich, und die grosse Terrasse im Grünen bietet ausreichend Schatten.

SPEIS UND TRANK: Die angebotenen Süsswasserfische sind natürlich frisch aus dem Bodensee, und das Wild stammt aus eigener Jagd (vorzugsweise auf Vorbestellung). Die Vorspeisen auf der kreativen, saisonal ausgerichteten Karte kosten

zwischen CHF 8 und CHF 25, die Hauptgerichte CHF 25 bis CHF 49. Gute Weinauswahl aus der ganzen Schweiz, einige aus der näheren Umgebung (Arenenberg, Gerichtsstubenwein z.B. Riesling Sylvaner Arenenberg, Riesling und Sylvaner Gerichtsstubewy; Arenenberger Staatsdomäne rot; Maienfelder.

WARME KÜCHE: 11.30 - 14 Uhr, 17.30 - 21.15 Uhr
PLÄTZE IM RESTAURANT: 100
GARTEN / VERANDAPLÄTZE: 80
LEITUNG DES HAUSES: Ambra und Kurt Ribi
RUHETAG: vom 1.5. - 31.8.: Montag;
vom 1.9. - 30.4.: Montag und Dienstag
BETRIEBSFERIEN: 3 Wochen im Oktober und 1 Woche im November
ÖFFNUNGSZEITEN: 10.00 - 15.00 Uhr und 17.30 - 24.00 Uhr
ANZAHL DER ZIMMER: 6
ZIMMERPREISE VON: CHF 90 - 120 (pro Pers. inkl. Frühst.)
SPORTMÖGLICHKEITEN IN DER NÄHE: Rad, Schwimmen, Surfen, Reiten, Tennis, Angeln, Rudern, Wandern

BEMERKENSWERTES: Ermatingen ist ein romantischer Ort am See. Wenn Sie schon nicht länger bleiben wollen, sollten Sie sich wenigstens bei einem kleinen Spaziergang die wunderschönen Fachwerk- oder Riegelbauten der Ortschaft ansehen.

GASTHOF ZUM BRUNNEN
BERNSTRASSE 6
3312 FRAUBRUNNEN
TEL: 031/767 72 16
FAX: 031/767 82 98

ANREISE: Fraubrunnen liegt zwischen Bern und Solothurn an der Landstrasse 12. Der »Brunnen« befindet sich im Ortszentrum an der Hauptstrasse.
NAVIGATION: Breite: 47°04,55/ Länge: 7°31,08
ENTFERNUNG NACH: Bern 15 km
KREDITKARTEN: alle gängigen

HISTORISCHES HAUS: Nachweis ab 13. Jahrhundert
BESCHREIBUNG DES HAUSES: Unweit des ehemaligen Klosters Fraubrunnen steht dieser stattliche Gasthof mit seiner ausladenden Sandsteinfassade. Seit 1979 ist er im Besitz der Familie Rufibach, die aus dem Dorfgasthof ein renommiertes Gourmetrestaurant gemacht hat, ohne den ländlichen Charme des Hauses zu beeinflussen. In zwei stimmungsvollen Räumen servieren Alexander Rufibach und seine Schwester Elisabeth Sommer ihre immer ausgewogenen, saisonorientierten Creationen. Im Sommer lockt zudem ein weiterer »Speiseraum«, sozusagen unter freiem Himmel – und doch perfekt geschützt: Die Rufibachs nutzen dann die uralten Holzbalkone des umbauten Hofes hinter dem Haus als wunderschöne Erweiterung ihres Hauses. Im Obergeschoss liegen die historischen Gästezimmer des »Brunnen«: 1797 hat sogar Napoleon hier verweilt, der auf dem Weg nach Rastatt einen Radbruch gehabt haben soll. Sein kurzzeitiges Ruhelager befand

sich in Zimmer Nr. 8, das vollkommen erhalten blieb. Auch die Zimmer 1, 2 und 3 zeigen die wunderschöne Holztäfelung des frühen 19. Jahrhunderts und haben dennoch eigene Bäder.

SPEIS UND TRANK: Alexander Rufibach hat sich längst einen guten Namen mit einer leichten, einfallsreichen Küche gemacht. Die dauernd wechselnde Speisekarte bietet einheimische Produkte und könnte u.a. mit folgenden Verlockungen aufwarten: Formaggini delle Alpe di Sassi del Ticino, Rotweinessig, Olivenöl und Salatbouquet CHF 19; Rührei auf Züpfetoast mit Bärner Trüffel CHF 27; Seeländer Schwarzwurzelgratin mit Kalbsmilken CHF 24; Pastinakenschaumsuppe CHF 10; klare Fischsuppe mit Safran CHF 16; Suure Mocke und Härdöpfustock (Saurer Braten und Kartoffelpurree) CHF 38; gefüllte Pouletbrust mit Trüffeln CHF 44; Rindsfilet von Jegenstorf grüner Pfeffer CHF 49; Kalbskotelett gebraten mit Salbei CHF 47; Hecht vom Bielersee im Ofen gebraten CHF 44; Hechtfilet im Blätterteig gebacken CHF 47; Warmer Apfelkuchen mit Blätterteig und Boskop Quitteneis CHF 14. Der Weinkeller bietet tatsächlich 150 erlesene Schweizer Weine aus mehr als 20 Traubensorten – dazu noch eine Zigarre, die das Haus ebenfalls anbietet – und der Traum ist perfekt.

WARME KÜCHE: 11.30 – 14.00 Uhr, 18.00 – 22.00 Uhr
PLÄTZE IM RESTAURANT: 35 in zwei Räumen
VERANSTALTUNGSRÄUME: Saal für 70 Personen
GARTEN / VERANDAPLÄTZE: 40 – 50
LEITUNG DES HAUSES: Alexander Rufibach
RUHETAG: Montag und Dienstag

BETRIEBSFERIEN: 3 Wochen Anfang Januar, 2 Wochen Ende Juli/August
ANZAHL DER ZIMMER: 5
ZIMMERPREISE: CHF 55 - 65 pro Person, inkl. Frühstück
SPORTMÖGLICHKEITEN IN DER NÄHE: Tennis, Schwimmen, Fitness

BEMERKENSWERTES: 18 km nördlich von Fraubrunnen liegt Solothurn, das als die schönste Barockstadt der Schweiz gilt. Von 1530 bis 1792 lebten hier die Botschafter des französischen Königshauses. Noch heute ist die Altstadt geprägt von prachtvollen Gebäuden. Solothurn gilt als Stadt der Museen. Besonders interessant ist das Kunstmuseum, das neben einer schönen Sammlung Schweizer Kunst auch Degas, Matisse und Braque, aber auch Werke von Modernen wie Luginbühl und Tinguely, zeigt.

HOTEL LES ARMURES
1, PUITS ST. PIERRE
1204 GENF
TEL: 022/310 91 72
FAX: 022/310 98 46

ANREISE: Autobahnabfahrt Genève-Lac, am Ufer entlang stadteinwärts bis zum quai du Mont-Blanc und den pont du Mont-Blanc, die grosse Brücke über die Rhône. Auf der anderen Fluss/Seeseite über den quai du Gén. Guisan bis zur rue Pierre Fatio, um den rondpoint de Rive in die rue Jacques Dalcroze, über den place des Casemates, die rue Colladon, die rue St. Léger, den Bourg de Four, rue de l'Hôtel de Ville, rue Taconnerie, bis zur Kathedrale. Hinter der Kathedrale vorbei über die rue de l'Evéché und rue Barblan zum Hotel. Einfacher ist es natürlich, einen Taxifahrer den Weg durch die verwirrende Altstadt von Genf suchen zu lassen.
NAVIGATION: Breite: 46°12,04/ Länge: 6°08,49
ENTFERNUNG NACH: Zürich 292 km, Basel 267 km, Bern 171 km
KREDITKARTEN: alle gängigen

HISTORISCHES HAUS: aus dem 13. Jahrhundert
BESCHREIBUNG DES HAUSES: Mitten in der wunderschö-

nen Altstadt von Genf, umgeben von grossen historischen Sehenswürdigkeiten, liegt das Hôtel Les Armures an einem kleinen Platz. Vom 13. bis zum 20. Jahrhundert hatte das Gebäude viele Besitzer, gehörte verschiedenen Bischöfen und grossen Familien der Stadt. Die Kellereien des ältesten Cafés von Genf, das zum Haus gehört (aber über einen eigenen Eingang verfügt), waren einst die Weinkeller des Bischofs Guillaume de Marcossay. Doch vor allem das 17. Jahrhundert prägte das heutige Erscheinungsbild des »Armures«. 1977 konnte Amédée Granges das Anwesen erwerben, die schon seit 1957 Pächterin gewesen war. Sie restaurierte zuerst das Café, und in den letzten Jahren auch das gesamte Hotel. Während der Arbeiten wurden Wand- und Deckengemälde aus verschiedenen Jahrhunderten entdeckt, Kamine und prachtvolle Möbel. Nun bietet das sympathische, kleine Hotel (übrigens das einzige Hotel der Altstadt) wunderschöne Zimmer, die Geschichte zeigen und auch moderne Annehmlichkeiten bieten. Besonders schön ist das Zimmer 402, von dem aus – über die Dächer der Altstadt – ein kleines Stück vom See zu sehen ist.

SPEIS UND TRANK: Das gemütliche Restaurant »Les Armures« (beim Hotel um die Ecke), bietet gehobene Küche mit vielen schweizerischen Spezialitäten – u.a. ein stadtbekanntes Käsefondue. Das Tagesgericht (Plat du jour) kostet zwischen CHF 16 und CHF 18, die Menüs (Menu d'Affaires) zwischen CHF 47 und CHF 55.

LEITUNG DES HAUSES: Mme Borgeat
RUHETAG: keiner

BETRIEBSFERIEN: Hotel: keine; Restaurant: über Weihnachten, Neujahr und Ostern
ANZAHL DER ZIMMER: 28
ZIMMERPREISE: EZ: CHF 310 - 390; DZ: CHF 440 - 460
SPORTMÖGLICHKEITEN IN DER NÄHE: die Treppen vom Seeufer in die Höhe der Altstadt, wenn Sie möchten ...

BEMERKENSWERTES: Direkt neben dem Haus liegt die Kathedrale St. Pierre, deren Aussehen die ganze Altstadt dominiert. Schon zur Römerzeit stand hier ein Tempel, im 12. Jahrhundert wurde dann die dreischiffige Pfeilerbasilika begonnen, an der noch im 15. Jahrhundert gearbeitet wurde. 1536 wurde die Kathedrale in ein calvinistisches Gotteshaus umgewandelt. Besonders schön ist die Chapelle des Maccabées, die 1406 im spätgotischen Stil als Grabkapelle für den Herzog von Brogny angelegt wurde.

HOTEL VICTORIA
1823 GLION
TEL: 021/963 31 31
FAX: 021/963 13 51
e-mail: victoria@worldcom.de

ANREISE: Autobahn Lausanne – Montreux bis Montreux; in Montreux bergwärts Richtung Glion (ausgeschildert). Hotel Victoria am Ortsanfang rechts der Strasse, gut beschildert.
NAVIGATION: Breite: 46°26,00/ Länge: 6°55,25
ENTFERNUNG NACH: Montreux 4 km
KREDITKARTEN: alle gängigen

HISTORISCHES HAUS AUS DEM JAHRE: 1859
BESCHREIBUNG DES HAUSES: Hoch über Montreux und dem Genfer See liegt dieses Hotel schon fast in den Wolken. Einen vergleichbaren Blick über den Genfer See, die Schweiz und das französische Ufer bieten wohl nur ganz wenige Häuser. Und keines ist so schön wie das Victoria, mit seiner eher kleinen, aber juwelhaften Halle, den schönen, mit Kunst gefüllten Salons, den unzähligen Sitzecken, dem eleganten Restaurant und den traumhaften Terrassen- und Gartenanlagen! Das Victoria ist sicher eines der ältesten Grand-Hotels dieser Gegend, denn schon 1860 bot es eleganten Reisenden seine einmalige Atmosphäre. Seit der vorletzten Jahrhundertwende hat sich – rein äusserlich – nichts verändert: das Erbe, die ganze Pracht, wird hier mit viel Liebe gehegt und gepflegt. Beim Aufstieg nach Glion hat man den Eindruck, 100 Jahre in der Zeit zurückzureisen. Trotzdem gibt es allen Komfort: vollkommen modernisierte Veranstaltungsräume im Stil des

Hauses, einen grossen beheizten Pool im traumhaft schönen Park mit Panoramablick, Tennisplatz usw. Kurz: Ein Erlebnis!

SPEIS UND TRANK: Erstklassige französische Küche. Die Karte orientiert sich an den Jahreszeiten. Noix de St. Jacques en coquille sur une chiffonade d'endive (Jakobsmuschel in der Muschel auf Chicoree) CHF 28; chartreuse d'artichaut à la gelée de Porto (Artischocken-Chartreuse mit Portweingelee) CHF 22; Bortsch polonais à la crème aigre et quelques croûtons (polnisches Borschtsch mit saurer Creme und Croutons) CHF 16; escalope de loup grillé sur une émulsion de fenoul à l'huile d'olive (Wolfsbarschfilet gegrillt auf Fenchelemulsion mit Olivenöl) CHF 42; médaillons de lotte pochés, couronne de navets infusées au Porto, sauce Madras (pochierte Lotte-Medaillons, Rübchen mit Portwein, Madras-Sauce) CHF 40; pavé de saumon frais poêlé et sa trilogie de choux (Schnitte vom frischen Lachs in der Pfanne gegart mit drei verschiedenen Kohlarten) CHF 38; carré d'agneau de lait des Pyrénées rôti aux herbes et son jus (Carré vom Pyrenäen-Milchlamm gebraten mit Kräutern im eigenen Saft, für 2 Personen) CHF 100; pigeon de Bresse rôti, choux brocoli, pommes olives (gebratene Bresse-Taube mit Brokkoli und Oliven-Kartoffeln) CH 48; saltimbocca de pintade, tomate Clamart, riz mi-sauvage (Perlhuhn-Saltimbocca mit Clamart-Tomate und buntem Reis) CHF 36; assortiment de desserts Victoria (gemischte Desserts Victoria) CHF 20; feuilleté caramélisé et sa mousseline de poires (karamelisiertes Blätterteig-Gebäck mit Birnen-Mousseline) CHF 18; mille feuille au chocolat et oranges (Millefeuille mit Schokolade und Orangen) CHF 20.

WARME KÜCHE: 12.00 –14.00 Uhr, 19.00 – 21.00 Uhr
PLÄTZE IM RESTAURANT: 70, Salon bleu 25
GARTEN / VERANDAPLÄTZE: 100
LEITUNG DES HAUSES: Direktor T. Mittermair
RUHETAG: keiner
BETRIEBSFERIEN: keine
ZAHL DER ZIMMER: 60
ZIMMERPREISE: EZ: CHF 140 – 250; DZ: CHF 240 – 350; Juniorsuiten: CHF 420 – 580
SPORTMÖGLICHKEITEN
– IM/AM HAUS: Schwimmen, Tennis, Wanderungen
– IN DER NÄHE: Golf (in Aigle, 18 km), im Winter Skifahren in Rochers-de-Naye (2045 m, in 30 Bahnminuten erreichbar)

BEMERKENSWERTES: Glion ist ein hübscher kleiner Ort in 700 m Höhe über dem Genfer See mit einem faszinierenden Panorama.

HOTEL GASTHAUS SONNE
ST. GALLERSTRASSE 22
9202 GOSSAU
TEL: 071/385 16 59
FAX: 071/385 90 22

ANREISE: Autobahn Zürich – St. Gallen bis Ausfahrt Gossau. »Sonne« an der Hauptstrasse mitten im Ort.

NAVIGATION: Breite: 47°25,01/ Länge: 9°15,32
ENTFERNUNG NACH: St. Gallen 8 km
KREDITKARTEN: alle gängigen

HISTORISCHES HAUS AUS DEM JAHRE: 1645
BESCHREIBUNG DES HAUSES: Schon 1466 kaufte Abt Ulrich Roesch von Sankt Gallen die »Taffern zu Gossow«. 1644 brannte das Haus ab unf wurde dann als Wirtshaus neu erbaut. Immer diente dieses Gebäude auch als Gerichtsgebäude und war über zweihundert Jahre, bis 1848, im Besitz einer einzigen Familie (den Schärtlern), die alle »Sonnenwirte« waren. Seit 46 Jahren ist das Gebäude mit vielen Anbauten aus verschiedenen Epochen im Besitz der Familie Ellensohn: ein behäbiger, angenehmer Landgasthof (auch wenn er mitten im Ort steht), dessen verwinkeltes Innere trotz zahlreicher Neuerungen immer noch die Spuren der Jahrhunderte zeigt.

SPEIS UND TRANK: Der Generationenwechsel hat hier einiges angenehmer werden lassen: Zur gehobenen, gutbürgerlichen Küche und zu den Spezialitäten der Region bieten die Ellensohns heute verstärkt neue, innovative Speisen an. Ihre Küche ist lustvoll und die Karte wird bewusst klein ge-

halten, da es täglich neue Empfehlungen gibt. Ein neuer Akzent sind die guten thailändischen und indischen Curries. Ansonsten könnte Sie erwarten: Thailändische Kokosmilchsuppe mit Pouletbruststreifen CHF 12.50; marinierter Bresaolo mit Parmesan und Pinienkernen CHF 18.50; zum täglich wechselnden Fischangebot gehören Vorspeisen wie Felchenfilets auf Blattspinat CHF 14.50. Coté Fleisch locken z.B.: Kalbsgeschnetzeltes an Whiskyrahmsauce CHF 32.50; Entrecôte mit Gemüse CHF 38.50; Lammkoteletten »Provencale« mit Gemüse CHF 36; zum Dessert gibt's Caramelchöpfli CHF 6.50, aber auch verschiedene Sorbets mit Wodka, Grappa, Campari oder Champagner CHF 10.50 / 12.50. Die Weinkarte des Hauses mit ihren Schweizer Spezialitäten (Ostschweiz, Neuenburg, La Côte, Lavaux und Chablais), aber auch französischen Weinen guter Jahrgänge, ist so fein wie immer.

WARME KÜCHE: 11.30 – 14.00 und 17.30 – 22.00 Uhr
PLÄTZE IM RESTAURANT: ca. 90 in 2 Räumen
LEITUNG DES HAUSES: Karin und Krista Ellensohn
ÖFFNUNGSZEITEN HOTEL: 7.30 – 23.30 Uhr
ANZAHL DER ZIMMER: 8
ZIMMERPREISE: EZ: CHF 78 – 88; DZ: CHF 135 – 155
SPORTMÖGLICHKEITEN IN DER NÄHE: Tennis, Reiten, Schwimmen (Frei- und Hallenbad)

BEMERKENSWERTES: Gossau selbst bietet ein Motorradmuseum und sogar einen kleinen Zoo. Gleich nordöstlich liegt Schloss Oberberg, das ebenfalls über ein Museum sowie über einen Turm aus dem 13. Jahrhundert verfügt.

HOTEL KRONE
SEESTRASSE 11
8274 GOTTLIEBEN
TEL: 071/666 80 60
FAX: 071/666 80 69

ANREISE: Von Norden: Von Konstanz nach Kreuzlingen, B13 bis Gottlieben. Von Süden: Autobahn N7 von Winterthur bis Kreuzlingen Süd, B13 bis Gottlieben. Von Westen: B13 von Schaffhausen bis Gottlieben. Gottlieben liegt gleich westlich von Kreuzlingen am Untersee.
NAVIGATION: Breite: 47°39,53/ Länge: 9°08,09
ENTFERNUNG NACH: Winterthur 35 km, Kreuzlingen 2 km
KREDITKARTEN: alle gängigen

HISTORISCHES HAUS AUS DEM JAHRE: 1694
BESCHREIBUNG DES HAUSES: Als 1692 eine Naturkatastrophe den idyllischen Ort Gottlieben heimsuchte, wurde auch der Gasthof Krone nicht verschont: Am Mittwoch, den 24. Hornung (Februar), versanken bei starkem Regen, Wind und grosser Kälte drei direkt am Gestade gelegene Häuser im Rhein. Um neun Uhr stürzte die Wirtschaft zum Aal in die Fluten und gegen zwölf hielten auch die »Krone« und ein Privathaus nicht mehr stand. Wie man sieht, hatte Gottlieben immer schon viele Gasthöfe: Über Jahrhunderte war der Ort mit seiner Schifflände von grosser Bedeutung für den Salzimport. Per Schiff kam das Salz von Hall in Tirol, wurde gewogen und umgeladen. Zu einer Zeit, in der die Schweiz noch keine eigenen Salzgruben hatte, mochte dies von immenser Bedeutung gewesen sein. So rief auch kurz nach dem Unglück

von 1692 der Pfarrer Dekan Freihofer im benachbarten Tägerwilen zu einer eidgenössischen Beihilfesteuer auf, die stehengebliebenen Häuser des Ortes zu schützen und das Ufer wieder neu zu bebauen. Kurz danach stand die »Krone« in neuer Pracht. Gottlieben und die »Krone« erlebten vom 18. bis zur Mitte des 19. Jahrhunderts eine grosse Zeit. Von 1798-1874 war der Ort sogar Bezirkshauptort. Während der ganzen ersten Hälfte des 19. Jahrhunderts war die »Krone« im Besitz der Familie Hippenmeyer, einer grossen Bürgerfamilie der Region, aus der auch Johann Conrad Hippenmeyer stammt, der berühmteste Sohn des Ortes, der in der »Krone« geboren wurde: Er war Mitbegründer und erster Direktor der 1818 gegründeten österreichischen Nationalbank in Wien sowie königlich-kaiserlich privilegierter Grosshändler, kaufte das schöne Gottlieber Schloss, das nach seinem Tod 1838 an den Prinzen Louis Napoleon III. veräussert wurde. Heute bietet die »Krone« einen der schönsten historischen Gasthöfe in der Region, ein luxuriöses Hotel mit 40 Betten, ein gepflegtes Restaurant und eine wunderschöne Terrasse am Ufer des Untersees. Die lange Geschichte ist hier noch zu spüren.

SPEIS UND TRANK: Leichte, erstklassige Küche, frische Zutaten und schöne Präsentation. Mousselines, Terrinen, Pasteten nach Saison. Die Karte könnte etwa Folgendes bieten: Ziegenfrischkäse-Terrine im Pumpernickelmantel auf knakkigem Kräutersalat an Sherryessigvinaigrette CHF 21, teegeräuchertes Bodensee-Felchenfilet auf Fenchelsalat an Sauternesrahm-Vinaigrette CHF 21; Tomatenessenz mit Perlhuhn-Crêperoulade CHF 16.50; Eglifilets knusprig gebacken mit Tartarsauce CHF 42; Hechtschaumklöschen mit

Flusskrebsen an Champagnersauce CHF 44; Neuseeländer Lammcarré, rosa gebraten unter der Thymiankruste auf Pimiento-Couscous CHF 48; Sorbetpalette mit Beeren und Früchten der Saison CHF 17; zweierlei Schokoladenmousse im Glas CHF 12.50; drei Sorbets der Saison im Glas CHF 11.50.

WARME KÜCHE: 11.30 - 14.00 Uhr, 18.00 - 22.00 Uhr
PLÄTZE IM RESTAURANT: 60 in 2 Räumen
VERANSTALTUNGSRÄUME: bis 70 Personen
GARTEN / VERANDAPLÄTZE: 80
LEITUNG DES HAUSES: Ingeborg und Georg Schraner
RUHETAG: keiner
BETRIEBSFERIEN: Anfang Januar – Mitte Februar; auch am 24. Dezember sind Restaurant und Hotel geschlossen
ANZAHL DER ZIMMER: 25
ZIMMERPREISE: EZ: CHF 100 - 165; DZ: CHF 170 - 280 (inkl. Frühstück); diverse Pauschalarrangements werden geboten
SPORTMÖGLICHKEITEN
- IM/AM HAUS: Schwimmen
- IN DER NÄHE: Schwimmen, Segeln, Golf, Wandern, Radfahren

BEMERKENSWERTES: Gottlieben ist sicher einer der hübschesten Orte in der Bodenseeregion. Nicht weit ist es zur berühmten Blumeninsel Mainau und zur schräg gegenüber liegenden, überaus sehenswerten Stadt Konstanz.

HOTEL DRACHENBURG UND WAAGHAUS
AM SCHLOSSPARK 7 – 10
8274 GOTTLIEBEN
TEL: 071/666 74 74
FAX: 071/669 17 09
e-mail: info@drachenburg.ch
homepage: www.drachenburg.ch

ANREISE: Von Norden: Von Konstanz nach Kreuzlingen, B13 bis Gottlieben. Von Süden: Autobahn N7 von Winterthur bis Kreuzlingen Süd, B13 bis Gottlieben. Von Westen: B13 von Schaffhausen bis Gottlieben. Gottlieben liegt gleich an der Kreuzung am Untersee.
NAVIGATION: Breite: 47°39,53/ Länge: 9°08,06
KREDITKARTEN: alle gängigen

HISTORISCHES HAUS AUS DEM JAHRE: 1620; 1687 (Waaghaus)
BESCHREIBUNG DES HAUSES: Schon die Drachenburg allein gilt, mit ihrem sechsseitigen Erker, als eines der schönsten Fachwerkgebäude der Schweiz; gemeinsam mit dem gegenüberliegenden Waaghaus bilden die beiden Bauten eines der architektonisch schönsten Hotel-Ensembles der Schweiz. 1620 erbaut, 1715 erweitert, war die Drachenburg Wohnsitz der Patrizierfamilie Lanz von Liebenfels. 1687 wurde dann gegenüber das neue Gemeinde- und Schützenhaus mit der Wirtschaft »Zum Schiff« erbaut – das heutige Waaghaus. Hier befand sich von Anfang an ein Gastbetrieb, der 1947 zu einem komfortablen Speiserestaurant umgebaut wurde. Nachdem 1953 die Drachenburg und 1966 dann das angrenzende

Gasthaus »Rheineck« in den Familienbesitz übergingen, ist der heutige Hotelkomplex komplett: Vier architektonisch aussergewöhnliche Gastbetriebe wurden zu einem einzigen. Inzwischen sind die zahlreichen Gebäude seit 3 Generationen in Familienbesitz und werden mit viel Liebe geführt. Der Empfang im Hotel ist sehr freundlich und aufmerksam.

SPEIS UND TRANK: Der Hotelkomplex bietet 3 Restaurants, 2 Seeterrassen und eine Bar. Auf der Karte besonders lohnenswert sind etwa: Salatkomposition mit gebratenem Bodensee-Eglifilet an Wiesen-Kräuter-Vinaigrette CHF 16.50; Mariniertes Gemüse aus Thurgau mit Trüffelkäse und Knoblauchbaguette CHF 15.50; Zanderfilet an Orangen-Pfeffersauce mit Camarguereis CHF 39.50/ kleine Portion CHF 29.50; Lachsforelle pochiert in Weisswein, dreierlei Saucen, Salzkartoffeln oder Reis, Preis ab 2 Personen CHF 39.50 pro Person.

WARME KÜCHE: 11.00 - 22.00 Uhr
PLÄTZE: Restaurant Drachenburg: 100; 2 Restaurants im Waaghaus: 110
GARTEN / VERANDAPLÄTZE: ca. 250 auf drei Terrassen
LEITUNG DES HAUSES: Familie Bischler und Familie Hummel
RUHETAG (im Restaurant) Waaghaus: keiner;
Drachenburg: März-Dez. Montag und Donnerstag
im Hotel: keiner
BETRIEBSFERIEN: Waaghaus: Mitte Dezember bis Mitte März;
Drachenburg: 9. Juli - 23. August
ANZAHL DER ZIMMER: 60

ZIMMERPREISE: EZ: CHF 190 - 300; DZ: CHF 125 - 155; Suite CHF 335 - 380
SPORTMÖGLICHKEITEN
- IM/AM HAUS: Schwimmen
- IN DER NÄHE: in Konstanz: Golf; Tennis, Thermalbad, Eishalle

BEMERKENSWERTES: Sehr schön ist das neben dem Waaghaus liegende Schloss Gottlieben, das 1251 erbaut wurde und im vorigen Jahrhundert u.a. Prinz Louis Napoleon III. gehörte. Attraktiv sind Dampferausflüge über Untersee oder Bodensee. Die Schiffe halten am Hotel!

PALACE HOTEL
3780 GSTAAD
TEL: 033/748 50 00
FAX: 033/748 50 01
e-mail: palace@gstaad.ch
homepage: www.palace.ch

ANREISE: Von Norden: Über Bern, Thun und Spiez auf die 11 nach Gstaad. Oder N12 über Fribourg bis Ausfahrt Bulle. Dann Landstrasse südwärts durch das Greyerzer Land (Haute Gruyère) über Albeuve und Montbovon, Château-d'-Oex und Rougemont nach Gstaad. Vom Genfer See: N12 nordwärts bis Ausfahrt Bulle. Dann Landstrasse südwärts durch das Greyerzer Land (Haute Gruyère) über Albeuve und Montbovon, Château-d'-Oex und Rougemont nach Gstaad. Das Palace ist gut ausgeschildert – und zudem sowieso unübersehbar!
NAVIGATION: Breite: 46°28,31/ Länge: 7°17,14
ENTFERNUNG NACH: Bulle 42 km, Thun 63 km
KREDITKARTEN: alle gängigen

HISTORISCHES HAUS AUS DEM JAHRE: 1911
BESCHREIBUNG DES HAUSES: Hoch über dem legendären Gstaad ragt das Palace wie eine weisse Festung in den blauen Himmel: Eine Verrücktheit reinsten Luxus, die ab 1911 hier auf den schneesicheren Berg gewuchtet wurde. Als es 1913 eröffnet wurde, bot das »Royal Hotel, Winter & Gstaad Palace« mitten in der Natur mit elektrischem Licht, privaten Badezimmern und Telefonkabinen eine schier unerhörte Modernität. Kein Wunder, dass die Hautevolee sofort kam – und es bis heute tut!

Denn eigentlich hat sich hier – im positiven Sinn – nie wirklich etwas verändert: Natürlich bietet das Palace noch heute den modernen Luxus, den ein Gast sich zu Beginn des 21. Jahrhunderts wünscht, und alle Zimmer werden im Lauf der Jahre ständig liebevoll und behutsam renoviert. Andererseits aber bietet dieser Palast glücklicherweise auch, was er immer bot: Märchenhafte Architektur mitten im Grünen, Eleganz, die – passend zur Lage – leicht rustikal und ganz unkompliziert ist, Freundlichkeit – und eine unglaubliche Behaglichkeit. Was gibt es Schöneres, als durch den tiefen Schnee zu stapfen, bis die Beine schwer sind, und sich dann am Feuer wieder zu finden, das im Kamin prasselt, im Hintergrund Klaviermusik und hinterm Fenster das einmalige Panorama. Oder Sie kommen im Sommer, wenn die Luft von solcher Klarheit ist, dass das Leben leichter wird, und die Terrassen zu lichtesten Cafés und Restaurants werden.

Seit 1938 führt Familie Scherz die »grösste Familienpension der Schweiz«, die seit 1947 in deren Besitz ist. Hier traten Stars wie Ella Fitzgerald, Maurice Chevalier oder Louis Armstrong auf, und Berühmtheiten wie Prinz Aga Khan, Constantin von Griechenland oder König Hussein von Jordanien betteten hier ihre Häupter. Heute hat bereits die dritte Generation der Familie Scherz das Haus übernommen. Zusammen mit 200 Langzeitangestellten hegen sie die alten Palace-Traditionen: Diskretion, Pflege des Details und perfekter Service.

SPEIS UND TRANK: Die Küchenbrigade des Palace bietet in den verschiedenen Restaurants des Hauses ein unglaubliches Spektrum allerhöchster Haute Cuisine und schlicht-ländlicher

Frische-Küche auf hohem Niveau. Wunderbar ist das Essen, und wer hier nicht wohnen kann oder mag, sollte sich im Palace zumindest à table verwöhnen lassen!
Im à-la-carte-Restaurant bietet die Karte z.B. Folgendes: Gegrillte Lachs- und Loup de Mer-Filets mit Sommersalaten CHF 42; Porrée-Crème mit Ingwer und Hummer-Salpicon CHF 26; la pasta del Maestro CHF 35; Spaghettini, Penne rigate oder Tagliatelle mit Tomatensugo, all'arrabiata, bolognese, oder aglio-olio CHF 28; gedünstetes Seezungenfilet en papillote mit Vernaccia-Wein CHF 56; Regenbogenforelle à la mode du Palace CHF 39; französisches Freilandhuhn gebraten mit Gemüse und Waldpilzen CHF 120 (für zwei Personen), Rinder-Sauté Pojarski mit Zwiebelringen CHF 42; Käsevariationen der Region mit Früchtebrot CHF 22; karamelisierte Apfelcharlotte mit Bourbonvanille CHF 22; Toblerone-Parfait mit Aprikosenkompott CHF 22.

WARME KÜCHE: 12.00 – 14.00 Uhr, 19.00 – 23.00 Uhr
PLÄTZE IM RESTAURANT: Le Restaurant 190; Grill Room 60; Le Sans Cravatte 70; La Fromagerie (nur im Winter) 70; Bar mit Livemusik 40; Halle mit Tagesbar 200;
Diskothek 150; Barbecue Snack beim Hallenbad (nur im Sommer) 70
GARTEN / VERANDAPLÄTZE: 150
LEITUNG DES HAUSES: Herr Andrea Scherz
RUHETAG: keiner
BETRIEBSFERIEN: Ende März bis Juni und Ende September bis Mitte Dezember
ANZAHL DER ZIMMER: 100 inkl. 35 Suiten und einem Penthouse
ZIMMERPREISE: von CHF 310 – 4500; Penthouse-Suite auf Anfrage. Das Haus bietet natürlich zahlreiche Spezialarrangements wie etwa »Ski Pleasure«, »Beautymed« oder die »Roy Emerson Tennis Weeks«.
SPORTMÖGLICHKEITEN
– IM/AM HAUS: Hallenbad, Sauna, Dampfbad, Fitnessraum, Squash, Spaziergänge im Park. Im Sommer locken auch die Tennisplätze und das geheizte Freibad mit Liegewiese.
– IN DER NÄHE: 250 km Skipisten, 67 Bergbahnen, aber auch – für die warme Jahreszeit – wunderbare Wanderungen.

BEMERKENSWERTES: Zu einem Haus dieses Niveaus gehört natürlich auch ein Schönheitszentrum. Es steht unter der Leitung der »Clinique La Prairie« in Clarens-Montreux, die zum Besten und Luxuriösesten auf diesem Gebiet gehört. Angeboten werden Schönheitsbehandlungen, Endermologie und Thalassotherapie. Im Wellness-Center locken zudem entspannende Massagen, vitalisierende Behandlungen oder konditionsfördernde Aktivitäten. Anschliessend geht es in den Coiffure-Salon von Claus Griesser – und dann entweder an die wunderschöne Lobby-Bar oder nach Gstaad, wo nämlich nicht nur die Happy Few lockt. Es ist auch eines der kulturellen Zentren des Berner Oberlands. Übrigens können Sie kurzerhand auch das gesamte Palace im Rahmen des »Rent a Palace«-Programms anmieten – für die besondere Feier im »kleinen Rahmen« zum Beispiel ...

LANDGASTHOF ZUM LÖWEN
DORFSTRASSE 2
3412 HEIMISWIL
TEL: 034/422 32 00
FAX: 034/422 20 35
homepage: www.loewen-heimiswil.ch

ANREISE: Autobahn N1 Aarau – Bern bis Ausfahrt Kirchberg, Landstrasse 23 bis Burgdorf, in Burgdorf nach Heimiswil. Landgasthof Löwen neben der Landstrasse am Ortseingang von Heimiswil.
NAVIGATION: Breite: 47°03,35/ Länge: 7°39,16
ENTFERNUNG NACH: Bern 32 km, Burgdorf 41km
KREDITKARTEN: alle gängigen

HISTORISCHES HAUS AUS DEM JAHRE: 1340
BESCHREIBUNG DES HAUSES: Dieser wunderschöne Landgasthof am Dorfrand, mit seinen schönen Sälis und Stuben, dem schweren Dachstuhl und den hübschen Terrassen ist der älteste »Löwen« der Schweiz. Heute gibt es in den sieben heimelig eingerichteten Stuben Essen aus der weltweit berühmten Küche von Maitre Lüdi. Deshalb: Fahren Sie nie unangemeldet nach Heimiswil in den »Löwen«! Am Tag unseres Besuchs bereitete sich Mannschaft und Haus auf einen grossen Tag vor: die »Chefs der Chefs« – die Küchenchefs der Regierungsspitzen der ganzen Welt – beendeten ein Treffen in der Schweiz mit einem Essen in diesem wunderschönen Landgasthof und kamen u.a. aus Washington, Island, Brunai, Monte Carlo, Stockholm und Warschau. Schon deshalb sollten Sie Ihren Tisch im voraus reservieren!

SPEIS UND TRANK: Erstklassige Küche von internationalem Renomee mit eher moderaten Preisen: hauseigener Graved- und Rauchlachs an Senfsauce CHF 18.50; Suure Mocke nach Grosti Lüdi, Gemüse und Kartoffelstock CHF 35; Bernerplatte nach Heimiswilerart, Fleischsuppe, Markbein, 9 Sorten Fleisch dazu 4 Gemüse und Salzkartoffeln CHF 45. Interessant sind die 4 – 6 Gänge-Menüs zum Selbstkombinieren mit Weinempfehlung auch per Glas, die CHF 75 – 98 kosten. Natürlich sind auch alle Desserts hausgemacht, wie etwa: Birnelschlaber mit Früchten (eingedickter Birnensaft, Joghurt und Sauerrahm) CHF 8; Apfelchüechli mt Vanillesauce CHF 11.50; Grossmutter-Lüdi-Creme im Mälchterli CHF 10.50; In der »Gaststube«: »Warme Hanne« (gute Hausmannskost) CHF 19; »Heimiswilerli« (Rauchwurst) CHF 12.50 oder Bachforelle blau, gebraten oder warm geräuchert CHF 24.

WARME KÜCHE: 11.30 – 13.30 Uhr, 18.00 – 21.30 Uhr
PLÄTZE IM RESTAURANT: 400
VERANSTALTUNGSRÄUME: mehrere Möglichkeiten
GARTEN / VERANDAPLÄTZE: 50
LEITUNG DES HAUSES: Daniel Lüdi
RUHETAGE: Montag und Dienstag
BETRIEBSFERIEN: die letzten beiden Februar-Wochen; die beiden letzten Juli- und die erste August-Woche

BEMERKENSWERTES: Heimiswil liegt am landschaftlichen Übergang vom Emmental zum Oberaargau in einer wunderschönen Gegend. Alte, behäbige Höfe stehen inmitten sattgrüner Hügel. Hübsch sind auch die 1703 erbaute Kirche und das alte bernische Pfarrhaus.

HOTEL VICTORIA-JUNGFRAU
HÖHEWEG 41
3800 INTERLAKEN
TEL: 033/828 28 28
FAX: 033/828 28 80
e-mail: victoria@bluewin.ch
homepage: www.victoria-jungfrau.ch

ANREISE: Autobahn N8 Bern – Interlaken
NAVIGATION: Breite: 46°41,24/ Länge: 7°51,58
ENTFERNUNG NACH: Bern 57 km, Zürich 177 km
KREDITKARTEN: alle gängigen

HISTORISCHES HAUS AUS DEM JAHRE: 1865
BESCHREIBUNG DES HAUSES: Als kurz nach der Mitte des vorigen Jahrhunderts auf diesem Grundstück an der Aussichtsstrasse Interlakens ein Hotel entstehen sollte, musste der Architekt seine Arbeit mit dem imposanten Blick auf das Jungfrauenmassiv messen: Das Hotel, das er bauen sollte, müsste dem Naturspektakel sozusagen ebenbürtig sein. Horace Edouard Davinet, der den Auftrag erhielt, hat auch das Schweizer Parlamentsgebäude errichtet. Die von ihm für das Victoria-Jungfrau entworfene fast endlos lange, sehr elegante Fassade ist tatsächlich auch heute noch beeindruckend. Im Inneren des Hotels gibt es Salons, Säle, Vestibüle, Aufgänge und Nebenräume in der ganzen Eleganz der vorletzten Jahrhundertwende. 1882 erhielt das Hotel – noch vor der Stadt Interlaken – einen eigenen Stromgenerator, bot also für damalige Zeiten grössten Luxus. Das hat sich nicht verändert: Was damals noch ungewohnt war, ist heute schon wieder beein-

druckend, weil wirklicher Luxus in klassischer Eleganz längst wieder zur Mangelware geworden ist.

SPEIS UND TRANK: Dieses Hotel bietet natürlich mehrere schöne Restaurants und Bars: Das »La Terrasse« ist ein elegantes Gourmet-Restaurant mit Pianist, die »Jungfrau-Stube ist dagegen ein gemütlich-rustikales Restaurant, das einheimische Spezialitäten und Gerichte vom Holzkohlengrill bietet (im Sommer abends Barbecue auf der Terrasse). Der Rakket-Club ist Treffpunkt der Tennisspieler und weniger formell, die Victoria Bar bietet Orchestermusik und eine Tanz-Möglichkeit, die Intermezzo-Bar ist eher ruhig. Daneben gibt es eine Diskothek, einen Nachtclub und den Western- Saloon mit Live-Musik für Country-Liebhaber. Im »La Terrasse« könnten Peter Brüderli, Chef des Cuisines und Reto Künzi, Chef de Cuisine des »La Terrasse« etwa Folgendes bieten: Hirsch-Ravioli mit Nussbutter und Salbei CHF 24; Feine Graved-Lachs Tranchen und Kartoffelsalat mit Kaviar CHF 35; Crèmesuppe von Schwarzwurzeln mit Wolfsbarschstreifen, getrocknete Tomaten und Kerbelöl CHF 32; Tarte Tatin mit belgischem Chicorée, Scampis und sautierten Jakobsmuscheln, klare Orangensauce CHF 63; Seeteufel-Medaillon und Selleriecanneloni mit Parmaschinken, Reduktion von Barolo mit Butter CHF 54; Entenbrust Challans und Rotkohl mit Zimt geschmort, glasierte Apfelviertel und gebratene Bramataroulade CHF 46; Pochierte Entenleber-Terrine mit Portweingelée CHF 36; Gern stellt der Maître d'Hôtel auch vegetarische Menüs zusammen. An Desserts locken zum Beispiel: Geschmorte Ananas mit Eisparfait und weissem Baccardi, Kokosnussgebäck CHF 20; Knuspriger Blätterteig mit Honig und Mascarponemousse,

Feige mariniert in Rotwein und Feigensorbet CHF 22; Gefrorenes Gewürzkaffee-Timbale und Trockenpflaumen in warmem Amaretto an Orangenschnitzel CHF 22.

WARME KÜCHE: 11.00 – 23.00 Uhr
VERANSTALTUNGSRÄUME: 10 bis 150 Personen
LEITUNG DES HAUSES: General Manager Emanuel Berger
RUHETAG: keiner
BETRIEBSFERIEN: keine
ANZAHL DER ZIMMER: 212
ZIMMERPREISE VON: EZ: CHF 340 – 570; DZ: CHF 440 – 670
SPORTMÖGLICHKEITEN
– IM/AM HAUS: Viktoria-Jungfrau Spa, Hallenbad mit Liegewiese, Tenniszentrum mit 4 Hallen- und 3 Aussenplätzen
– IN DER NÄHE: Golfplatz (18 holes), Reitschule, Wintersport

BEMERKENSWERTES: Interlaken – vom Lateinischen »inter lacus«, »zwischen den Seen« liegt zwischen dem Thuner und dem Brienzer See und war schon im 19. Jahrhundert ein beliebter Sommerkurort. Goethe weilte hier, aber auch Carl Maria von Weber, Mendelssohn und Richard Wagner. Interessant ist das ehemalige Augustinerkloster, das 1133 gegründet wurde. Einen Besuch wert ist aber auch das Touristik-Museum – immerhin war Interlaken eine der »Wiegen« des Tourismus in der Schweiz.

RESTAURANT OBERER MÖNCHHOF
ALTE LANDSTRASSE 98
8802 KILCHBERG BEI ZÜRICH
TEL: 01/715 40 06
FAX: 01/715 16 57

ANREISE: Vom Seeufer aus Wegweiser »Kirche Kilchberg« bergauf bis zur alten Landstrasse, oben dann rechts, in Richtung Zürich. Das Haus liegt auf der linken Seite der Strasse und hat einen eigenen Parkplatz.
NAVIGATION: Breite: 47°18,50/ Länge: 8°32,56
ENTFERNUNG NACH: Zürich 1 km
KREDITKARTEN: Eurocard, Visa, Amex

HISTORISCHES HAUS AUS DEM JAHRE: 1660
BESCHREIBUNG DES HAUSES: Dieser wunderschöne Riegelbau hoch über dem See mit phantastischem Ausblick weit übers Land wurde ursprünglich »Münchhof« genannt – nach der Familie eines Chorherren der Probstei Zürich – dem dieses Anwesen gehörte. Ab 1499 war das Anwesen Erblehen des Klosters auf dem Zürichberg. Das heutige Gebäude entstand im 17. Jahrhundert als Anbau an einen älteren Gebäudeteil. Von 1707 bis 1855 diente das Gebäude, vor dem die ältere Landstrasse vorbeiführt, als Kanzlei und Landschreiberei. Ab 1875 befand sich hier schon eine Wirtschaft, die sich grosser Beliebtheit erfreute. Das ist noch heute so: Von der grossen, baumbestandenen Terrasse und den vielen Fenstern aus hat man einen wunderschönen Ausblick über den tief unten liegenden See. Die Speiseräume mit ihren meist weissen Holztäfelungen sind hell, gemütlich und schlicht. Das Restaurant

strahlt noch heute eine liebenswürdige Unverfälschtheit aus. Die niedrigen Decken, die schön gedeckten Tische, das ganz besondere Licht dieser Räumlichkeiten – weil man schon fast an den Wolken und doch noch über dem See ist – dies alles zusammen bildet ein wunderbares Ganzes.

SPEIS UND TRANK: Die Küche bietet gute, bodenständige Gerichte, Spezialitäten der Region, aber auch Leichteres. Hier gibt es eine Standardkarte sowie eine Karte mit den rein saisonalen Angeboten. Auf der Standardkarte findet sich z.B.: Züricher Geschnetzeltes CHF 32; Entenbrust mit Shitake-Pilzen und Griesgnocchi CHF 31; Kalbs-Cordon bleu mit Gemüse CHF 31; Pochierter Steinbutt im Safransud mit Gemüseallerlei CHF 38. Da alles aus Frischprodukten hergestellt wird, ändert sich die Karte ständig. In jedem Fall sind auch die Desserts lohnenswert.

WARME KÜCHE: 11.00 Uhr – 23.00 Uhr
PLÄTZE IM RESTAURANT: Restaurant 50, Saal 100
GARTEN / VERANDAPLÄTZE: 80
LEITUNG DES HAUSES: Jolanda Joss und Jörg Guggisberg
RUHETAG: Mittwoch
BETRIEBSFERIEN: 3 Wochen im Februar; 2 Wochen Mitte Oktober
ÖFFNUNGSZEITEN: 11.00 – 24.00 Uhr, an Sonn- u. Feiertagen 11.00 – 22.00 Uhr

BEMERKENSWERTES: Von diesem wirklich angenehm ländlich wirkenden Ort sind es nur wenige Minuten nach Zürich und zu seinen Museen und Sehenswürdigkeiten.

LANDGASTHOF HOTEL RÖSSLI
DORFPLATZ
9533 KIRCHBERG
TEL: 071/931 12 22
FAX: 071/931 13 12

ANREISE: Autobahn Winterthur – St.Gallen bis Ausfahrt Wil, Landstrasse südwärts über Wolfikon nach Kirchberg.
NAVIGATION: Breite: 47°24,40/ Länge: 9°02,25
ENTFERNUNG NACH: St. Gallen 33 km, Wil 4 km
KREDITKARTEN: alle gängigen

HISTORISCHES HAUS: um 1800
BESCHREIBUNG DES HAUSES: Dieses prachtvolle Holzhaus steht als besonders schönes Exemplar der landschaftstypischen Architektur wie ein Prunkbau gleich gegenüber der eher schlicht wirkenden Kirche und beherrscht den hübschen Dorfplatz. In der ältesten Gaststube ist die schwere Decke so niedrig, dass ein ausgewachsener Mann kaum aufrecht stehen kann. In den hübschen Räumen gibt es längst keinen Dorfgasthof mehr, sondern ein gepflegtes Restaurant, dessen Chef Mitglied der »Gilde etablierter Köche« ist.

SPEIS UND TRANK: Gepflegte, ausgewogene Gerichte aus frischen Produkten. Rittersteak »Rösli« CHF 34.80; Kalbsgeschnetzeltes »Foggenburger-Art« CHF 34.80; ein gutes Angebot an Speisen aus diversen Süss- und Salzwasserfischen CHF 18.80 – 32.80.

WARME KÜCHE: 11.00 – 23.00 Uhr

PLÄTZE IM RESTAURANT: 160
GARTEN / VERANDAPLÄTZE: 45
LEITUNG DES HAUSES: René Francois Murbach
RUHETAG: Montag
BETRIEBSFERIEN: keine
ANZAHL DER ZIMMER: 8
ZIMMERPEISE: EZ: CHF 75, DZ: CHF 150 inkl. Frühstück
SPORTMÖGLICHKEITEN IN DER NÄHE: Wanderungen durch die schöne Landschaft - nach dem Essen immer zu empfehlen! Ausserdem Skilanglauf, Schwimmen, Tennis und Golf.

BEMERKENSWERTES: Fahren Sie die kleine Landstrasse in Richtung Gähwil weiter. Nach dem nächsten Ort beginnt einer der hübschesten Landstriche dieser Region. Sogar eine Burgruine ist zu sehen. Wunderschön ist auch die Altstadt von Will, das Sommerresidenz der Fürstäbte von St. Gallen war. Am Hauptplatz, dem »Goldenen Boden« gibt es in der ehemaligen Residenz mit ein Museum.

CHESA GRISCHUNA
7250 KLOSTERS
TEL: 081/422 22 22
FAX: 081/422 22 25
e-mail: chesa.grischuna@bluewin.ch
homepage: www.chesagrischuna.ch

ANREISE: Autobahn bis Landquart, dann die Landstrasse in Richtung Davos bis Klosters.
NAVIGATION: Breite: 46°53,02/ Länge: 9°52,30
ENTFERNUNG NACH: Chur 44 km, Davos 11 km
KREDITKARTEN: alle gängigen

HISTORISCHES HAUS AUS DEM JAHRE: 1938
BESCHREIBUNG DES HAUSES: Betrachtet man ihr Alter, so wäre die »Chesa Grischuna« nicht historisch – und trotzdem scheint dieses Haus etwas wie das Geheimnis des »Ursprünglichen« zu bewahren. Die Atmosphäre ist so stimmig, als befände man sich in einem Herzstück Graubündens. Vielleicht ist das besondere Ambiente dieses Holzhauses das Ergebnis dessen, was die Familie Guler seit zwei Generationen aufgewendet hat. Während des 2. Weltkriegs lebten einige amerikanische Piloten im Haus, die so angetan waren, dass auch noch zwanzig Jahre später Amerikaner hierher pilgerten. Es

kamen auch Berühmtheiten wie Gloria Swanson, Billy Wilder, Gene Kelly, Audrey Hepburn, Francoise Sagan, David Niven, Rex Harrison, der Aga Khan und die Königin von Holland. Ganz behutsam versucht Barbara Rios-Guler das Flair des Hauses und die unglaubliche Gemütlichkeit zu erhalten. Kein Wunder, dass ihre Bemühungen im Jahr 2000 vom International Council on Monuments and Sites ausgezeichnet wurden: Die Chesa Grischuna wurde zum »historischen Restaurant des Jahres«, weil hier ein Gesamtkunstwerk erhalten und jahrelang gepflegt wurde, das »als Manifest eines qualitätsvollen Landstils aus den späten dreissiger Jahren« gelten kann.

SPEIS UND TRANK: Auch die jüngeren Kollegen des legendären Kellners Claude, der hier vierzig Jahre lang tätig war, sind so freundlich und versiert wie er und lesen den Gästen alle Wünsche von den Augen ab. Die Karte bietet gehobene Küche aus hochwertigen Zutaten, leicht, raffiniert und immer ausgewogen: Trüffelnudeln mit Trüffelrahmsauce und Scheiben von Périgord-Trüffeln CHF 35; Kräuter-Risotto mit gebratenen Wachtelbrüstchen CHF 29; Duo von Gänseleber mit Brioche und karamelisierten Äpfeln CHF 42; Kräuter-Risotto mit gebratenem Wachtelbrüstchen CHF 29; Weissweinschaumsüppchen CHF 9; Hummercrème mit Cognac CHF 15; Stubenküken im Ofen gebraten an Rosmarin und Salbeibutter, Waffelkartoffeln CHF 38; Gebratene Perlhuhnbrust auf Trüffelkartoffelstock mit Gänselebersauce CHF 45. Je nach Marktangebot werden Seezunge, Goldbarsch, Steinbutt und Meerwolf angeboten, z.B.: gebratenes Meerwolf-Filet auf Fenchel mit Olivenöl und Kräutern, Kartoffelkörbchen CHF 46. Für zwei Personen werden u.a. angeboten: Lammcarré mit Kräuterkruste, Kartoffelgratin und Flageolets-Bohnen pro Person CHF 46; Bemerkenswert ist die Weinauswahl des Hauses mit zahlreichen sehr guten Weinen aus Graubünden, aber natürlich auch anderen guten Schweizer Lagen sowie Weinen aus Frankreich, Italien, Kalifornien und Australien.

WARME KÜCHE: im Sommer: 11.30 bis 14.00 Uhr, 18.00 bis 22.00 Uhr, im Winter durchgehend
PLÄTZE IM RESTAURANT: 90 Plätze
VERANSTALTUNGSRÄUME: »Säli« im 1. Stock mit 20 bis 25 Plätzen
GARTEN / VERANDAPLÄTZE: 60
LEITUNG DES HAUSES: Barbara Rios-Guler und Marianne Hunziker
RUHETAG: keiner
BETRIEBSFERIEN: Juni, Mitte Oktober bis Mitte Dezember
ANZAHL DER ZIMMER: 10 im Haus, 10 im »Chalet Grischuna«, das nur 20 m entfernt ist
ZIMMERPREISE: EZ: CHF 130 - 225; DZ: CHF 220 - 400
SPORTMÖGLICHKEITEN
- IM/AM HAUS: zum Haus gehört eine eigene Almhütte, zu der schöne (nicht zu lange) Wanderungen angeboten werden. Am Ziel lockt ein wunderschönes Picknick.
- IN DER NÄHE: Klosters bietet - als internationales Ferienparadies - natürlich alle erdenklichen Sportmöglichkeiten. Im Sommer zum Beispiel: Wandern, Reiten, Golf (in Davos), Tennis, aber auch zweitägige Maultiertrecking-Ausflüge. Der Winter ermöglicht alle Schneesportarten. Im Ort fasziniert ein Hallenbad mit Blick auf den Silvrettagletscher.

BEMERKENSWERTES: Klosters ist ein Wintersportort. Wenn die Hänge weiss sind, tummeln sich hier Stars und Sternchen, Hochadel und Paparazzi.
Viel weniger Menschen wissen um die Schönheit des sommerlichen Klosters, die fast noch verlockender ist: In wunderbarem Klima lässt sich dann die Landschaft erwandern - und die Stille geniessen! Das Sportangebot muss den Vergleich mit dem winterlichen Skizirkus nicht scheuen!

HOTEL SONNE
SEESTRASSE 120
8700 KÜSNACHT
TEL: 01/914 18 18
FAX: 01/914 18 00
e-mail: reception@sonne.ch
homepage: www.eurospider.ch/zt/hotels/sonne

ANREISE: Von Norden und Westen: Durch Zürich nach Zollikon ans Ufer des Zürichsees, Küsnacht liegt an der N17 in Richtung Jona, am Ostufer des Sees. Von Süden und Osten: Autobahn N3 bis Ausfahrt Pfäffikon, über Jona und Meilen auf der N17 bis Küsnacht.
NAVIGATION: Breite: 47°19,12/ Länge: 8°34,44
ENTFERNUNG NACH: Zürich 4 km
KREDITKARTEN: alle gängigen

HISTORISCHES HAUS AUS DEM JAHRE: 1640; Turm noch älter
BESCHREIBUNG DES HAUSES: Wer sich vom See her Küsnacht nähert, der kann es nicht übersehen: Das Hotel Sonne mit seinem breiten Renaissanceturm steht behäbig am Ufer, und seine weissen Wände leuchten über das Wasser. Von der Strasse aus kann man nur die Rückseite des Hauses sehen. Hinter den meterdicken Mauern befand sich schon immer ein Wirtshaus mit einem wunderschönen Garten am Ufer. 1711 ging das Anwesen durch Heirat an die Familie Guggenbühl, die dieses Haus kontinuierlich weitergeführt hat. Zur Zeit der französischen Revolution verkehrte hier die Hautevolee der Stadt Zürich, aber auch Offiziere des französischen

Generals Masséna wohnten im Haus. 1839 wurde der Tanzsaal angebaut, der noch heute so ist wie zu Zeiten des Biedermeier. Damals gehörten zum Haus nicht nur der Gasthof, sondern auch eine Metzgerei und eine Bäckerei, eine ausgedehnte Landwirtschaft und eine Essigfabrik! Heute bietet die »Sonne« hübsche Gaststuben, u.a. mit Ahnenbildern, Standuhr und Stammbaum eingerichtet, einen grossen Gastgarten mit Büffet direkt am Seeufer, angenehme, modernisierte Zimmer und zahlreiche Möglichkeiten für das Ausrichten grösserer Festlichkeiten.

SPEIS UND TRANK: Im hübsch holzgetäfelten Restaurant gibt es gehobene, ausgewogene Küche. Die Karte ist saisonal, wechselt häufig und die Zutaten sind frisch: Hirsch-Carpaccio mit Parmesanblättern begleitetet von Tatar aus Waldpilzen CHF 23.50; Pastinaken-Schaumsuppe mit frischem Trüffel 14.50; Zitronengrassuppe mit Curry, serviert mit gegrilltem Scampi-Spiess CHF 16.50; Rosa gebratenes Rehrückenfilet serviert auf Polenta Mille-Feuille an Holundersauce, glasierte Kastanien CHF 45; Gegrilltes Entrecôte vom Swiss Prime Beef, Trüffel-Risotto und Romanescorosen CHF 47.50; Eglifilets gebacken mit Sauce Tartare, Petersilienkartoffeln CHF 39; Gebratenes Saiblingsfilet auf Kürbisgemüse mit Ricotta-Ravioli an weisser Portweinsauce CHF 41, kleine Portion CHF 28; Gjanduia-Parfait mit caramelisierten Baumnüssen und Zwergorangen-Kompott CHF 14.50; Lauwarme Birnen-Tarte, Sorbet von der Williams-Birne CHF 14.50; Gratin von Feigen auf Mandelbisquit, Vanilleglace CHF 16.50.

WARME KÜCHE: 12.00 - 14.00 Uhr und 18.00 - 22.00 Uhr
PLÄTZE IM RESTAURANT: 70
GARTEN / VERANDAPLÄTZE: 70 mit Bedienung, weitere 400 mit Selbstbedienung
LEITUNG DES HAUSES: Roland und Claudia Tegtmeyer
RUHETAG: keiner
BETRIEBSFERIEN: keine
ÖFFNUNGSZEITEN RESTAURANT: 7.00 - 23.30 Uhr
ANZAHL DER ZIMMER: 40
ZIMMERPREISE: CHF 160 - 480
SPORTMÖGLICHKEITEN
- IM/AM HAUS: Schwimmen am eigenen Badestrand mit schöner Liegewiese.
- IN DER NÄHE: in Küsnacht: Tennis, Wasserski, Tauchen; in Zürich: Segeln, Squash und Eislauf.

BEMERKENSWERTES: Direkt vor dem Haus legen die Schiffe der Zürichsee-Linien an. Es gibt wohl kaum eine gemächlichere und angenehmere Weise, eine Landschaft auf sich wirken zu lassen.

HOTEL DU LAC / SEEHOF
6403 KÜSSNACHT AM RIGI
TEL: 041/850 10 12
FAX: 041/850 10 22

ANREISE: Autobahn Schwyz-Luzern bis Ausfahrt Küssnacht. Oder die Landstrasse von Luzern her am See entlang.
NAVIGATION: Breite: 47°04,52/ Länge: 8°26,17
ENTFERNUNG NACH: Luzern 16 km, Schwyz 28 km
KREDITKARTEN: alle gängigen

HISTORISCHES HAUS: um 1840
BESCHREIBUNG DES HAUSES: Direkt am Ufer des Vierwaldstättersees liegt dieses hübsche Hotel mit grossem Garten gleich am Wasser. Das beliebte Ausflugsziel wird seit 1853 von der Familie geleitet. Gleich links vom Eingang liegt der schöne Speisesaal der vorletzten Jahrhundertwende mit hellen Holztäfelungen und Familienporträts. Daneben gibt es den Salon und eine schöne, dunkel getäfelte Veranda. Auch in den oberen Stockwerken herrscht eine angenehme und gepflegte Atmosphäre. Hier können Sie Gemälde von Alois Trutmann bewundern. Dieser Vorfahr der heutigen Gastgeber war im 19. Jahrhundert ein bekannter Orientalist und brachte Szenen voller Palmen, verschleierter Schönheiten, Ruinen und Kamele in dieses Haus. Die Zimmer sind mit viel Liebe und historischen Möbeln eingerichtet; die alten Betten wurden hierzu behutsam verlängert, um auch heute noch entsprechende Fussfreiheit bieten zu können. Traumhaft sind die Zimmer zum See, teilweise mit Balkone. In den günstigen Preisen inbegriffen ist die besondere Freundlichkeit von Haus-

herrin und Hausherr, die einen immer liebenswürdigen Empfang garantieren. Ein angenehmes, helles Haus am Wasser – ideal für einen Sommeraufenthalt.

SPEIS UND TRANK: Gute, ausgewogene Küche aus frischen Produkten. Der Hausherr geht selber fischen. Die Speisekarte ist natürlich abhängig von den Jahreszeiten. Als Vorspeise ist zu empfehlen: Albelifilet, Müllerinnenart. Unter den Hauptgerichten finden sich: Hecht gebacken, serviert mit Tartare-Sauce, Salzkartoffeln und Salat CHF 29; Albelifilets nach Art des Hauses mit Salzkartoffeln, Salat CHF 20.50; Felchenfilets gedämpft in Weisswein mit Zwiebeln, Tomaten und Kräutern, Reis, Salat CHF 27; eine Spezialität ist das in 3 Gängen servierte Fisch-Menü, je nach Fang und Saison, mit Salat und Tages-Dessert CHF 56. Wunderbar auch die Desserts, etwa die hausgemachte Caramel Crème CHF 6, oder die hausgemachte Mousse au Chocolat CHF 7.50.

WARME KÜCHE: 11.30 – 14.00 Uhr, 17.30 – 21.00 Uhr; nachmittags Kleinigkeiten
PLÄTZE IM RESTAURANT: 100
GARTEN / VERANDAPLÄTZE: 200
LEITUNG DES HAUSES: Familie Joan und Albert Trutmann-De Brath
RUHETAG: Dienstag und Mittwoch (nur Dezember bis Mai)
BETRIEBSFERIEN: 15.10.-1.12. und 1 Woche im Februar
ÖFFNUNGSZEITEN HOTEL UND RESTAURANT: 8.00 – 23.00 Uhr
ANZAHL DER ZIMMER: 14
ZIMMERPREISE: EZ: CHF 100 – 130, DZ: CHF 170 – 200

SPORTMÖGLICHKEITEN
- IM/AM HAUS: eigene Bootsstege
- IN DER NÄHE: Wassersport, Schwimmen, Golf, Tennis, Wandern, Fitness-Parcours, Skifahren, Eislauf, Minigolf, Curling

BEMERKENSWERTES: Hübsch sind die Uferanlagen dieses Ortes am Vierwaldstättersee und ebenso der alte Ortskern, interessant ist die Ruine der so genannten Gesslerburg hoch über dem Ort. Mit dem habsburgischen Landvogt, dem der Sagen-Schweizer Wilhelm Tell seinen Gehorsam verweigerte, hat sie nicht wirklich zu tun – und ist trotzdem sehenswert. Die berühmte »Hohle Gasse« des noch berühmteren »durch diese hohle Gasse muss er kommen« ist nur eine Wanderung weit entfernt.

HOTEL LANDGASTHOF BÄREN
4438 LANGENBRUCK
TEL: 062/390 14 14
FAX: 062/390 19 71
e-mail: baeren-langenbruck@bluewin.ch
homepage: www.baeren-langenbruck.ch

ANREISE: Von Norden: Autobahn N2 von Basel südwärts bis Ausfahrt Hölstein, über Waldenburg südlich nach Langenbruck. Von Süden oder Osten: Autobahn N2 Zürich – Basel bis Ausfahrt Egerkingen. Landstrasse nordwestwärts bis Langenbruck. Von Westen: Autobahn N1 Bern – Zürich bis Ausfahrt Oensingen, über Balstahl nordwärts nach Langenbruck.
NAVIGATION: Breite: 47°20,49/ Länge: 7°46,08
ENTFERNUNG NACH: Basel 42 km
KREDITKARTEN: alle gängigen

HISTORISCHES HAUS AUS DEM JAHRE: 1577
BESCHREIBUNG DES HAUSES: Langenbruck war schon Römersiedlung an der Römerstrasse zwischen Aventicum (Avenches) und Augusta Raurica (Augst). Der Name des Ortes entstand, weil hier ein Fussweg durch das Moor mit nebeneinandergelegten Baumstämmen befahrbar gemacht wurde. Lange Zeit war der kleine Ort ein berühmter und beliebter Kurort. So entstanden schon früh einzelne Gasthöfe. Der »Bären« war einer der ersten und ist heute einer der ältesten Landgasthöfe im ganzen Baselgebiet. 1777 kehrte hier Kaiser Joseph II. von Österreich ein. Zwanzig Jahre später kam dann – als weniger beliebter Gast – auch Napoleon Bonaparte in den »Bären«. »Non tutti italiani son ladri«, hiess es damals,

»ma Buonaparte«. Seit 1898 ist das schöne Haus mit Nebengebäuden im Besitz der Familie Grieder. Die Kurgäste sind nicht mehr so wichtig für Langenbruck. Doch längst hat sich herumgesprochen, wie angenehm man im »Bären« isst, wie hübsch die Stuben mit ihren alten Holzdecken und den schön gedeckten Tischen sind und wie freundlich der Empfang ist.

SPEIS UND TRANK: Es gibt gehobene Küche: Gute Gerichte, frischeste Zutaten, alles leicht, ausgewogen und mit Liebe zubereitet. Ein vielfältiges Angebot, das sich ganz nach dem Marktangebot der vier Jahreszeiten richtet, z.B.: Geschnetzeltes »Mode Patron« CHF 35; Fondue Bourguignonne nach Art des Hauses CHF 46; Frischfisch-Karussel CHF 42; lebende Hummer aus dem Biomar-Bassin CHF 48 – 68; »Hainanese Mah-Mee« (Chinesisches Nudelgericht) CHF 28; Sabayon au Marsala (Weinschaum und Gebäck) CHF 14; Quetsche Cannelle (warme Zwetschgen mit Zimtglace) CHF 11. Saisonale Spezialitäten zur Spargel- oder Wildzeit, sowie Kneipp-Gerichte. Eine wunderbare Idee: Die meisten Speisen gibt es auch als halbe Portionen (als warme Vorspeisen). Man kann also je nach Hunger variieren und muss auf nichts verzichten!

WARME KÜCHE: 11.00 – 23.00 Uhr
PLÄTZE IM RESTAURANT: 79 in drei Stuben
GARTEN / VERANDAPLÄTZE: 45 auf der verglasten Terrasse
LEITUNG DES HAUSES: Hans und Margrit Grieder (3. Generation), Denise und Paul Goeverneur-Grieder (4. Gen.)
RUHETAG: keiner, ausser 24. Dezember
BETRIEBSFERIEN: keine

ÖFFNUNGSZEITEN
REZEPTION: 6.45 – 23.30 Uhr
RESTAURANT: 9.00 – 23.45 Uhr
ANZAHL DER ZIMMER: 24 mit 43 Betten (und einige Notbetten)
ZIMMERPREISE: CHF 75 – 95 pro Person inkl. Frühstück
SPORTMÖGLICHKEITEN IN DER NÄHE: Sommer: Wandern; Winter: Wintersportarten, Skispringen, alpines Skifahren, Skilanglauf

BEMERKENSWERTES: Sehenswert ist Kloster Schönthal mit dem ältesten romanischen Portal der Schweiz (von 1145). Das Kloster liegt gleich nördlich von Langenbruck und bietet neben dem schönen Portal auch ansehnliches Modernes auf dem Freiluft-Skulpturen-Pfad »Sculpture at Schoenthal«: Hier reihen sich Werke internationaler Künstler. Auf dem Weg nach Schönthal können Sie die alte Römerstrasse anschauen.

BEAU-RIVAGE PALACE
17-19, PLACE DU PORT
1000 LAUSANNE 6 OUCHY
TEL: 021/613 33 33
FAX: 021/613 33 34
e-mail: reservation@brp.ch
homepage: www.brp.ch

ANREISE: Auf der N1 bis Lausanne-Maladière, dann weiter ostwärts in Richtung Zentrum Ouchy. Das Hotel ist ausgeschildert. Für Bahn- und Flugreisende: Abholung vom Flughafen oder Bahnhof mit dem Hotel-Rolls-Royce (nicht kostenfrei).
NAVIGATION: Breite: 46°30,26/ Länge: 6°37,28
ENTFERNUNG NACH: Genf 62 km, Bern 107
KREDITKARTEN: alle gängigen

HISTORISCHES HAUS AUS DEM JAHRE: 1861
BESCHREIBUNG DES HAUSES:
Als das Hotel Beau-Rivage 1861 eröffnet wurde, war Ouchy noch ein kleines, verschlafenes Fischerdorf am Ufer des Genfer Sees – allerdings schon mit grossen Ambitionen: Seit 1853 hatten es die Honoratioren des Örtchens darauf angelegt, neben dem kleinen Hafen und seinem regen Warenumschlag, einen Teil des Ufers so einzurichten, dass der Ort für die ersten internationalen Touristen interessant würde. Eine Promenade und ein Park waren schon angelegt, eine hölzerne Schiffsanlegestelle folgte. Und tatsächlich: der Plan ging auf. Kaum war das erste Beau-Rivage eröffnet, war es für die vielen Fremden, die herbeiströmten, schon zu klein. 1864 folgte dann das zweite Gebäude, le Chalet genannt, das zur Jahr-

hundertwende eigentlich aufgestockt werden sollte – und dann doch einem üppigen Jugendstilgebäude wich, dem heutigen Palace. Mit den beiden sehr unterschiedlichen Gebäudeteilen, die trotzdem miteinander harmonisieren und verbunden werden durch die opulente Kuppel des Rundbaus, ist das Beau-Rivage ein einmaliges Hotel. Kaum war 1898 die Zentralheizung fertig, konnte man hier auch den Winter stilvoll verbringen – und Fürsten, Prinzen, Gecken und Millionäre kamen nur zu gern. Auch Künstler schätzen den Rahmen des Hauses. Camille Saint-Saens komponierte hier, Paul Bowles, Michel Déon, Noel Coward und Somerset Maugham schrieben, und Albert Cohen verfasste gleich seinen ganzen Roman »Belle du Seigneur«. Heute kommen zwar weder Mary Pickford noch Gary Cooper oder die Windsors hierher – doch das Beau-Rivage hat sich trotzdem die ebenso elegante wie leichte Atmosphäre der Vergangenheit bewahrt. In den letzten Jahren wurden Unsummen investiert, um dieses prunkvolle Beispiel der jugendstilhaften Neo-Barockarchitektur der vorletzten Jahrhundertwende wieder in altem Glanz zu zeigen – und die Arbeiten haben sich gelohnt: Hier wirkt alles neu und doch echt, lebendig, aber ruhig. Kein Wunder, dass dieses Haus 1999 zum »Historischen Hotel der Schweiz« gekürt wurde!

SPEIS UND TRANK: Das hochelegante »La Rotonde« im runden Bau zwischen den Flügeln bietet Haute Cuisine, während das Café Beau-Rivage – auf gleicher Höhe wie das Seeufer gelegen – kaum weniger Feines zu kleineren Preisen bietet. Die Atmosphäre ist – wie im ganzen Haus – gediegen. Chef de Cuisine Didier Schneiter bietet in der Rotonde Hervorragendes wie etwa: Carpaccio de coquilles Saint-Jacques et capellini à la crème de caviar (Carpaccio von Jakobsmuscheln und Capellini-Nudeln mit Kaviarcreme) CHF 38; salade de homard en chartreuse de pommes et céleri, vinaigrette de cidre (Hummersalat in Kartoffel-Sellerie-Chartreuse mit Cidre-Vinaigrette) CHF 35; saumon fumé tranché à votre table, garniture de tradition (geräucherter Lachs, an Ihrem Tisch tranchiert, mit traditionellen Beilagen) CHF 28; risotto aux truffes noires du Périgord (Risotto mit schwarzen Trüffeln aus dem Périgord) CHF 48; raviole ouverte de cuisses de grenouilles en crémeuse d'ail et persil (offene Teigtasche mit Froschschenkel in Knoblauch-Petersilien-Creme) CHF 34; blanquette de turbot à la crème de Gruyère et vin d paille (Steinbuttfilet mit Gruyère-Creme und Weisswein); langoustines rôties en grecque de légumes et croustille de sésame (gebratene Langustinen mit griechischem Gemüse und Sesamkrokette); poularde de Bresse en croûte de sel (Bresse-Poularde im Salzmantel, Minimum 2 Personen) CHF 58 pro Person; carré d'agneau de Sisteron confit à l'huile d'olive, jus de romarin à l'ail doux (Karree vom provenzalischen Sisteron-Lamm eingelegt mit Olivenöl, mit Rosmarinjus und mildem Knoblauch) CHF 54; suprême de pigeon de Toscane en feuille de chou vert et foie gras (Brust von der toskanischen Taube im Grünkohlblatt mit Foie Gras) CHF 58.

ÖFFNUNGSZEITEN: Restaurant: 12.00 – 14.00 Uhr, 19.00 – 22.00 Uhr; Café: 11.00 – 1.00 Uhr
WARME KÜCHE: 11.00 – 24.00 Uhr
PLÄTZE IM RESTAURANT: Restaurant 60, Café 80
VERANSTALTUNGSRÄUME: prachtvolle Räume für 10 bis 500 Personen
GARTEN / VERANDAPLÄTZE: Café 70
LEITUNG DES HAUSES: Direktor Christian Marich
RUHETAG: Hotel: keiner;
Restaurant: Samstag Mittag
BETRIEBSFERIEN: keine

ANZAHL DER ZIMMER: 169, inkl. 29 Suiten und 27 Deluxe-Zimmer
ZIMMERPREISE: EZ: CHF 385 - 620; DZ: CHF 440 - 720; Junior-Suiten ab CHF 890; Suiten ab CHF 2500; es werden Arrangements angeboten
SPORTMÖGLICHKEITEN
- IM/AM HAUS: Hier gibt es ein Frei- und ein Hallenbad, Sauna, Dampfbad, Fitnessraum, Wellness und Beauty-Salon, 2 Tennisplätze, Tischtennis, sowie einen Kinderspielplatz. Ausserdem können Sie hier sogar Schwimmstunden nehmen!
- IN DER NÄHE: Lausanne verfügt über einen 18-holes-Golfplatz, und auch die nähere Umgebung bietet verschiedene Plätze. Der See lädt ein zum Wassersport.

BEMERKENSWERTES: Gleich neben dem wunderschönen Garten liegt das 1993 eröffnete Olympische Museum.

HOTEL LA RÉSIDENCE
PLACE DU PORT 15
1000 LAUSANNE 6 OUCHY
TEL: 021/613 34 34
FAX: 021/613 34 35
e-mail: resi@brp.ch

ANREISE: Auf der N1 bis Lausanne-Maladière, dann weiter ostwärts in Richtung Zentrum Ouchy. Das Hotel liegt am kleinen Hafenbecken von Ouchy. Für Bahn- und Flugreisende: Limousinen-Service vom Flughafen Genf oder Bahnhof Lausanne: Preis erfragen!
NAVIGATION: Breite: 46°30,20/ Länge: 6°37,39
ENTFERNUNG NACH: Genf 62 km, Bern 107
KREDITKARTEN: American Express, Diners Club, Master Card/Eurocard, Visa, JCB, Carte Blanche

HISTORISCHES HAUS: aus dem 18. Jahrhundert
BESCHREIBUNG DES HAUSES: Gleich neben dem kleinen Hafenbecken von Ouchy, zwischen dem Château d'Ouchy mit seinem alten Festungsturm und dem Beau-Rivage, liegt das »Résidence« am wunderschönen Ufer: Ein Ensemble aus drei kleinen Gebäuden, umgeben von einem üppigen Garten, ein kleines Paradies mit Blick auf den See. Im Inneren, in den Zimmern und Salons, herrscht ländlich-raffinierter guter Geschmack, zurückhaltend und doch elegant. Im Sommer bietet auch der Garten mit Pool besondere Reize.

SPEIS UND TRANK: Zum Haus gehört ein geschmackvoll eingerichtetes Restaurant mit hellen, freundlichen Räumen

und zwei Sommerterrassen - eine zum See und eine zum Garten. Die Speisekarte bietet leichte, gehobene Küche mit deutlich französischem Einschlag. Sie wechselt natürlich je nach Marktangebot.

WARME KÜCHE: 12.00 bis 14.00 Uhr, 18.30 bis 21.30 Uhr
PLÄTZE IM RESTAURANT: 45 in zwei Räumen
VERANSTALTUNGSRÄUME: zwei Salons für 4-8 und 20-50 Personen
GARTEN / VERANDAPLÄTZE: 70 auf zwei Terrassen
LEITUNG DES HAUSES: Yves Chavaillaz
RUHETAG: keiner
BETRIEBSFERIEN: bitte nachfragen
ANZAHL DER ZIMMER: 44, davon 12 Juniorsuiten
ZIMMERPREISE: EZ: 190 - 310, DZ: CHF 270 - 410, Juniorsuite 1 Pers. CHF 250 - 345; Juniorsuite 2 Pers. CHF 365 - 450
SPORTMÖGLICHKEITEN
- IM/AM HAUS: Neben dem beheizten Schwimmbecken im Garten stehen den Gästen alle Sporteinrichtungen des benachbarten Beau-Rivage zur Verfügung: Zwei Tennisplätze, Sauna, türkisches Dampfbad, Fitnesscenter.
- IN DER NÄHE: In der Umgebung gibt es gleich mehrere 18-holes-Golfplätze, ausserdem bietet der in der Nähe liegende See viele Wassersportmöglichkeiten.

BEMERKENSWERTES: Gleich vor der Tür befindet sich die Anlegestelle des Schiffes nach Evian in Frankreich. Nutzen Sie die Möglichkeit, sich das wunderbare Panorama des Genfer Sees vom Wasser aus anzusehen.

RESTAURANT LANDHAUS TAVERNE ALSACIENNE
SCHWARZENBURGSTRASSE 134
3097 LIEBEFELD
TEL: 031/971 07 58
FAX: 031/972 02 49

ANREISE: Liebefeld war einmal ein kleines Dorf vor den Toren Berns. Es liegt im Südosten der Stadt, am besten zu erreichen über den Eigerplatz, an dem man der Strasse Richtung Schwarzenburg folgt. Das Restaurant liegt rechts an der Schwarzenburgstrasse.

NAVIGATION: Breite: 46°56,28/ Länge: 7°25,52
ENTFERNUNG NACH: Basel 94 km, Zürich 122 km
KREDITKARTEN: alle gängigen

HISTORISCHES HAUS AUS DEM JAHRE: 1671
BESCHREIBUNG DES HAUSES: Im stilvollen Saal im ersten Stock des »Landhauses« sind die Erbauer des Gebäudes zu sehen: der Könizer Deutschrittervogt Abraham Stettler und seine Frau. Auch nach ihnen lebte ein Landvogt hier. Es folgte eine adlige Familie, die den Besitz wiederum dem Schwarz- und Schönfärber Samuel Edelstein veräusserte. Schon im späten 19. Jahrhundert wurde das Landhaus zur gastronomischen Attraktion. Der damalige Besitzer war gebürtiger Franzose, braute Bier – und bot französische cuisine. Jos de Wolf, der nun seit zehn Jahren Hausherr ist, war schon zuvor für hervorragende elsässische Küche weit bekannt. Im Landhaus gelingt ihm die Symbiose aus bodenständiger Küche und erklassiger Haute Cuisine aufs Brillanteste.

SPEIS UND TRANK: Rechts, in der gemütlichen, holzgetäfelten Gaststube, gibt es gutes Bodenständiges wie etwa Suuri Läberli (saure Schweinsleber) mit Himbeeressig und Berner-Rösti, CHF 16.50; Blut- und Leberwurst, Salzkartoffeln und Apfelschnitze CHF 15.50; Winzerrösti mit Schinken und Käse überbacken mit Spiegelei CHF 14.50. Hier gibt es aber auch die elsässischen Gerichte, die einmal die Bekanntheit von Jos de Wolf begründeten, etwa: Soupe de poisson parfumée au safran (Fischsuppe mit Safran gewürzt) CHF 16.50; médaillon de foie de canard sauté (Entenleber-Medaillon sautiert) 32.50; filet de boeuf au vin de montagne en croûte de sel marin (Rinderfilet mit Wein im Meersalz-Mantel) CHF 56; carré d'agneau provencale, jus aux herbes et olives (Karree vom provenzalischen Lamm, Kräuter-Olivenjus) CHF 56; Auswahl von Meeresfischen, verschieden zubereitet. Das ganze Jahr hindurch gibt es ein saison-orientiertes Menu surprise: vier Gänge CHF 87.50, sechs Gänge CHF 103.50 oder acht Gänge CHF 127.50.

WARME KÜCHE: 11.30 – 14 Uhr, 18.30 – 22 Uhr
PLÄTZE IM RESTAURANT: Rôtisserie 60, Gaststube 55
GARTEN / VERANDAPLÄTZE: 120
LEITUNG DES HAUSES: Jos de Wolf
RUHETAG: Sonn- und Feiertage
BETRIEBSFERIEN: keine
ÖFFNUNGSZEITEN RESTAURANT: 9.00 – 23.30 Uhr
ANZAHL DER ZIMMER: keine

BEMERKENSWERTES: Die perfekt erhaltene mittelalterliche Altstadt von Bern ist nur wenige Kilometer entfernt.

HOTEL KREUZ
2514 LIGERZ
TEL: 032/315 11 15
FAX: 032/315 28 14
homepage: www.kreuz-ligerz.ch

ANREISE: Ligerz liegt zwischen Biel und La Neuveville am Westufer des Bieler Sees. Die Landstrasse umgibt den Ort, folgen Sie deshalb der Beschilderung nach Ligerz hinein. Das »Kreuz« liegt an der Uferstrasse am Ortsende Richtung Biel/ Bienne.
NAVIGATION: Breite: 47°05,31/ Länge: 7°09,07
ENTFERNUNG NACH: Biel 12 km
KREDITKARTEN: alle gängigen

HISTORISCHES HAUS: aus dem 15. Jahrhundert
BESCHREIBUNG DES HAUSES: Im westlichsten Winkel des Kantons Bern, direkt vor der Sprachgrenze zum Französischen, liegt das Weindorf Ligerz idyllisch am Ufer des Bieler Sees. Hier wurde schon immer Weinbau und Fischerei betrieben, und daran hat sich nichts verändert. Am Ufer liegt das Hotel Kreuz, ein hübsches Haus, das mit seinen Holzläden von aussen so freundlich aussieht wie es innen ist. Links liegt die Gaststube mit ihren Täfelungen, Sitzmöbel im Jugendstil und Lampen aus der Jahrhundertwende. Im ersten Stock bietet das Haus geräumige, historische Gästezimmer mit gutem Komfort, im zweiten Stock moderne Dachzimmer mit wunderschönem Blick auf den See, einige mit Balkon. Überall ist der See präsent, so ist es kein Wunder, dass das Haus über einen eigenen Seestreifen verfügt mit Wasserzugang und ru-

higer Liegewiese. Hier werden Getränke und eine kleine Karte angeboten.

Die eingleisige und wirklich kaum befahrene Bahnstrecke, die zwischen Haus und See verläuft, stört hier ebensowenig wie die kleine Dorfstrasse. Und wer mit dem eigenen Boot kommt, kann es direkt vor dem Haus am Ufer »parken« ...

SPEIS UND TRANK: In einem alten Fischerdorf wie Ligerz dürfen auch heute die entsprechenden Spezialitäten nicht fehlen. Dank zweier Fischereien im Dorf kann das »Kreuz« immer frische Felchen, Forellen und Egli bieten. Ansonsten hat das Haus eine sehr ausgewogene, traditionelle Küche, die sich ganz nach den Jahreszeiten richtet – im Herbst Wild, im Frühling Spargel etc. Auf der Karte könnten sich u.a. finden: Bielersee-Krebssuppe CHF 8; Felchenfilet geräuchert mit Meerrettichschaum CHF 15; Kreuz-Teller, mit Speck, Schinken, Salami, Käse, garniert CHF 16; Forelle Blau mit zerlassener Butter CHF 26; Felchenfilets mit Café-de-Paris-Butter überbacken CHF 26; Eglifilet in Butter gebraten CHF 28.50; Egligeschnetzeltes, Kräuter, Weisswein, Rahm, Champignons CHF 28.50; Zanderfilet im Bierteig frittiert, Mayonnaise CHF 25; Hecht Grenobler Art mit Kapern und Zitronenwürfel CHF 28; Bielersee Symphonie: Felchenfilets meunière und Eglifilets fritiert auf einem Teller CHF 28.50; zu alllen Fischgerichten

werden wahlweise Salzkartoffeln oder Reis gereicht; Lammcarré Provençale vom Grill, Peterli, Jus, Kräuter, Knoblauch, Gemüsereis CHF 34; Rindsfilet »Écrivain« vom Grill, rassige scharfe Pfeffer-Sauce, Pommes Frites CHF 34. Interessante Menükarte, beispielsweise: Bouillon mit gefüllten Fädli, Zander, gebacken mit Sauce Tartar, Kresse-Salat mit Balsamico, Roastbeef nach englischer Art, Yorkshire Pudding, Gemüseplatte, Bratkartoffeln, Käse und Früchte, Buffet CHF 72; Hartkäse Greyerzer, rezent CHF 9.50; Orangensalat mit Vanille-Glace CHF 8.50; Schokoladenmousse mit Rahm CHF 8.50; Karamel-Köpfli mit Rahm 8.50 CHF; Jungfrauentränen – Meringue, Glace, Trauben mit Marc CHF 9.
Nicht nur weil die Familie Mettler-Teutsch eigene Weinberge oberhalb des Ortes hat, gibt es hier auch eine sehr gute Auswahl an Weinen aus der Region. Weissweine sind z.B.: Ligerzer Hotel Kreuz, Erich Andrey, 7,5 dl-Flasche CHF 29; Ligerzer Kirchwein, Egar Giauque, 7,5 dl-Flasche CHF 29. Rotweine sind u.a.: Ligerzer Le Jardin, Fredi Teutsch, 5 dl-Flasche CHF 24 oder 7,5 dl-Flasche CHF 35; auch offene Weine.

WARME KÜCHE: 11.30 – 14.00 Uhr, 17.30 – 21.30 Uhr
PLÄTZE IM RESTAURANT: 60
VERANSTALTUNGSRÄUME: Saal mit 80 Plätzen
GARTEN / VERANDAPLÄTZE: 30
LEITUNG DES HAUSES: Kaspar und Liselotte Mettler-Teutsch
RUHETAG: Dez./Jan./Feb.: Montag und Dienstag, sonst nur Montag
BETRIEBSFERIEN: Mitte Dezember – Mitte Januar
ÖFFNUNGSZEITEN HOTEL UND RESTAURANT: ganztägig
ANZAHL DER ZIMMER: 16 Doppelzimmer
ZIMMERPREISE: EZ: CHF 110 – 140; DZ: CHF 185 – 220, Zusatzbett CHF 55; Kinder bis 12 Jahre mit Bett CHF 35, ohne Bett CHF 20, alle Preise inkl. Frühstück
SPORTMÖGLICHKEITEN
– IM/AM HAUS: Das Haus bietet Sauna, Dampfbad und Streambath.
– IN DER NÄHE: Vor dem Haus lockt der See und oberhalb des Ortes die Weinberge. Auch ein Spaziergang durch Ligerz lohnt sich.

BEMERKENSWERTES: Direkt gegenüber ragt die St. Petersinsel weit in den Bieler See hinein. Hier fand der Philosoph Jean-Jacques Rousseau im Jahr 1765 Unterschlupf. Noch heute erinnert ein kleines Museum an den grossen Denker. Die Insel erreicht man am besten von Erlach aus, ein Flecken am Südufer des Sees, der auch einen Besuch wert ist: Unterhalb eines Schlosses liegt dieses Örtchen wie ein Musterstädtchen des Mittelalters und reiht burgund-spätgotische Häuser mit schönen Laubengängen zu einem erstaunlichen Bild zusammen.

GRAND HOTEL LOCARNO
VIA SEMPIONE 17
6600 LOCARNO – MURALTO
TEL: 091/743 02 82
FAX: 091/743 30 13
e-mail: welcome@grand-hotel-locarno.ch
homepage: www.grand-hotel-locarno.ch

ANREISE: Autobahn N2 Bellinzona – Lugano bis Ausfahrt Bellinzona-Süd. Landstrasse 13 bis Locarno am Lago Maggiore
ENTFERNUNG NACH: Zürich 215 km, Lugano 39 km, Bellinzona 21 km
KREDITKARTEN: alle gängigen

HISTORISCHES HAUS AUS DEM JAHRE: 1876
BESCHREIBUNG DES HAUSES: Über dem Ort am See, umgeben von seinem grossen, alten Park steht das Grand Hotel wie ein Denkmal abseits vom Lärm des belebten Ferienorts Locarno. So stellt man sich das Tessin vor: Palmen und ein Hotelpalast in blass-verwaschenem Altrosa. Wie alle alten Palasthotels hat auch dieses hunderte Geschichten zu erzählen. 1925 fand hier die längst Weltgeschichte gewordene Friedenskonferenz von Locarno statt, zu der sich u.a. Stresemann, Chamberlain, Briand, Mussolini, Vandervelde und Benes in den prachtvollen Hallen des Grand Hotels trafen. Hier entstand auch das längst weltberühmte Filmfestival von Locarno, und jahrelang wurde zwischen den Gebäuden, die den Park des Hotels von der Stadt trennen Freilichttheater aufgeführt. Heute ist das Juwel der Belle-Epoque kein Luxus-Palast mehr, sondern ein geschichtsträchtiges Dreisterne-Haus,

dessen teils riesige Zimmer mit Möbeln von den grossen Klassikern der Moderne ausgestattet wurden. Und Le Corbusier, Breuer, Mies van der Rohe, Wagenfeld und Eames passen mit der modernen Strenge ihrer Zeit überraschend gut in die Räume des 19. Jahrhunderts! Die Südzimmer bieten den grössten Luxus dieses Hauses: Einen einmaligen Blick über den ganzen See. Ansonsten sind die Salons im Erdgeschoss immer noch ein architektonischer Traum aus einer anderen Zeit!

SPEIS UND TRANK:
Im Gartengeschoss des labyrinthisch grossen Hauses bietet ein Terrassenrestaurant italienische Küche.

WARME KÜCHE: 12.00 - 14.00 Uhr, 19.00 - 22.00 Uhr
PLÄTZE IM RESTAURANT: ca. 120
VERANSTALTUNGSRÄUME: zahlreiche Möglichkeiten (bis 400 Personen)
GARTEN / VERANDAPLÄTZE: ca. 90
LEITUNG DES HAUSES: Direktor Urs Zimmermann
RUHETAG: keiner
BETRIEBSFERIEN: Januar, Februar
ÖFFNUNGSZEITEN RESTAURANT: 12.00 - 0.00 Uhr
ANZAHL DER ZIMMER: 80
ZIMMERPREISE: EZ: CHF 115 - 160, DZ: CHF 90 - 170, pro Person inkl. Frühstück; Halbpension: CHF 35; Zusatzbett: CHF 60; Hund (ohne Futter): CHF 15
SPORTMÖGLICHKEITEN
- IM/AM HAUS: Tennis, Schwimmen im heizbaren Freibad
- IN DER NÄHE: alle Sportarten, Wanderungen in die umliegenden Täler, Wassersport

BEMERKENSWERTES: Die Casa Rusca, ein Bürgerhaus aus dem 17. Jahrhundert, birgt die kommunale Bildersammlung mit einer Dauerausstellung von Werken Jean Arps und Filippo Franzonis. Schön sind auch die Kirche S. Francesco, mit Chor und Kuppel aus dem 14. Jahrhundert, sowie das Archäologische Museum der Stadt. In den Monaten April bis Juli finden die »Konzerte von Locarno« statt: zahlreiche Rock- und Popveranstaltungen unter freiem Himmel, Feuerwerke usw. und im August das internationale Filmfestival.

HOTEL RISTORANTE ZURIGO
VIALE VERBANO 9
6600 LOCARNO – MURALTO
TEL: 091/743 16 17
FAX: 091/743 43 15

ANREISE: Von Bellinzona Richtung Locarno. Vorsicht beim neuen Umfahrungstunnel Locarno (Mappo-Morettina): Fahren Sie nicht in den Tunnel, sondern benutzen Sie die Ausfahrt Muralto / Minusio. Immer auf der Hauptstrasse (Via San Gottardo) bis zum Bahnhofsplatz Locarno. Für vergünstigte Parkkarten wenden Sie sich an die Rezeption, bevor Sie in das Parkhaus fahren.
NAVIGATION: Breite: 46°10,17/ Länge: 8°48,30
ENTFERNUNG NACH: Zürich 215 km, Lugano 39 km, Bellinzona 21 km
KREDITKARTEN: American Express, Eurocard, Visa, Diners Club

HISTORISCHES HAUS: um 1900
BESCHREIBUNG DES HAUSES: An dieser Stelle glaubt man an der Riviera oder an der Côte d'Azur zu sein: Das »Zurigo« ist nämlich ein helles, freundliches Haus mit schönen Fensterläden, umgeben von Palmen, die so alt sind, dass sie längst bis zum dritten oder vierten Stock reichen, und davor der See. Das sympathische »Zurigo« war schon immer für Gäste da und hiess einst »Hotel-Pension Zürcherhof« – bis es nach der vorletzten Jahrhundertwende etwas aufgestockt wurde. Seine Zimmer sind schlicht, aber wunderhübsch und komfortabel. Mit ihren leichten Möbeln und den südlichen Fliesen-

böden wirken sie ganz mediterran. Besonders hervorzuheben sind die Eckzimmer (in jedem Stockwerk) in Richtung See, die gleich zwei Balkone bieten – und der Blick reicht umso weiter über den See, je höher die Etage liegt. Im Erdgeschoss – auch hier erinnert der Brasserie-Stil angenehm an Frankreich – gibt es ein schönes Restaurant mit wunderbarer Sommerterrasse unter dem dichten Blätterdach uralten formgestutzten Kastanien-Grüns.

SPEIS UND TRANK: Das Restaurant des Hauses bietet vor allem Italienisches. Die Speisen sind ausgewogen zubereitet und die Atmosphäre ist liebenswürdig wie überall in diesem Haus. Kein Wunder, dass es so beliebt ist! Minestrone alla ticinese: traditionelle tessiner Gemüsesuppe CHF 8.50; Roastbeef garniert mit Radieschen, Sommerkresse und Sauce Tatar CHF 22.50, kl. Port. CHF 18.50; Risotto verde »Zurigo«: Risotto mit Steinpilzen, Spinat und frischer Gartenpetersilie CHF 18.80, kl. Port. 14.80; für 2 Personen: Spaghetti flambati »Dario«: Spaghetti mit flambierten Crevetten, Tomaten, Champignons an Safran-Kräutersauce pro Person CHF 23.50; Rinderschmorbraten an Merlot-Weinsauce, hausgemachte Polenta und frisches Sommergemüse CHF 31, kl. Port. CHF 23.50; Tagesauswahl frischer Fische vom Grill mit Zitrone, Sauce Remoulade und Dampfkartoffeln CHF 33.50; Tessiner Frischkäse mariniert mit würzigem Olivenöl und Pfefferkörnern CHF 6.80; geeistes Vanillemousse mit Pfirsichbrand CHF 9.80.

WARME KÜCHE: 10.30 – 22.30 Uhr
PLÄTZE IM RESTAURANT: 36 Nichtraucher, 44 Raucher
GARTEN / VERANDAPLÄTZE: 170

LEITUNG DES HAUSES: Doris Marie und Hans-Peter Kreuziger
RUHETAG: im Sommer keiner, im Winter nachfragen
BETRIEBSFERIEN: bitte erfragen!
ANZAHL DER ZIMMER: 28
ZIMMERPREISE: DZ: CHF 126 – 236, EZ: CHF 91 – 190 (inkl. Frühstücksbuffet). Sonderofferten für Wochenaufenthalte. Kinderermässigung
SPORTMÖGLICHKEITEN IN DER NÄHE: Nur ein paar Schritte sind es bis zum öffentlichen Strandbad, und auch ein Tennisplatz ist in der Nähe

BEMERKENSWERTES: Wenn Sie von Ihrem Balkon hinunterschauen, werden Ihnen die prachtvoll bepflanzten Uferanlagen direkt vor Ihnen auffallen: Sie sind nicht nur Promenade, sondern zugleich Botanischer Garten der Stadt und einen wunderschönen Spaziergang wert. Und wenn Sie aus diesem sympathischen Ort ein einheimisches Souvenir mitnehmen wollen: Die Kreuzigers bieten in ihrer Confiserie »Al Porto« hervorragende italienische Kuchen und Pralinen.

GRAND HOTEL VILLA CASTAGNOLA AU LAC
VIALE CASTAGNOLA
6900 LUGANO 6 CASTAGNOLA
TEL: 091/971 22 13
FAX: 091/972 72 71

ANREISE: Autobahn N2 Bellinzona – Lugano bis Ausfahrt Lugano-Nord, durch Lugano hindurch, Beschilderung Gandria folgend. Gleich anschliessend an Lugano folgt Castagnola am Seeufer; das Grand Hotel Villa Castagnola liegt gut sichtbar links der Strasse.

NAVIGATION: Breite: 46°00,05/ Länge: 8°58,37
ENTFERNUNG NACH: Lugano 1,5 km
KREDITKARTEN: alle gängigen

HISTORISCHES HAUS AUS DEM JAHRE: 1880
BESCHREIBUNG DES HAUSES: Während der ganzen zweiten Hälfte des vorigen Jahrhunderts war der Kern des heutigen Gebäudes eine Villa mit etwa 12 Zimmern und grossen Ländereien, die einer russischen Familie gehörte. Das Tessin war damals für die Monate Mai, Juni, September und Oktober »in«. Auch als 1880 eine Pension eröffnet wurde, änderte sich daran nichts: während der Sommermonate blieb das Haus geschlossen! In den frühen 30er Jahren des 20. Jahrhunderts war aus der Pension ein elegantes Hotel geworden, in dessen ruhiger Atmosphäre der eben emigrierte Thomas Mann seine Gedanken ordnete. Auch heute ist es ein Luxushotel mit südländischem Charme – mitten im Grünen und nur durch die Strasse vom See getrennt – dessen Salons und Zimmer vom Licht durchflutet werden. Besonders schön sind der grosse,

dunkelblaue Salon und die Halle, mit ihren glänzenden Parkettböden und riesengrossen Perserteppichen, sowie das Restaurant mit elegant gedeckten Tischen und die Loggia. In allen Winkeln und Ecken sieht man diesem Haus an, dass in den letzten Jahren viel Arbeit und Aufmerksamkeit darauf verwendet wurde, ein kleines Gesamtkunstwerk zu schaffen. Die Zimmer sind sehr geschmackvoll und schön. Jeder einzelne Möbelstoff, jedes Gemälde, jeder Stuhl wurde ausgesucht, um an die Üppigkeit der inzwischen schon vorletzten Jahrhundertwende zu erinnern – heute ist es ein Fünf-Sterne-Hotel!

SPEIS UND TRANK: Im eleganten Restaurant gibt es erstklassige, leichte Küche, die dem Niveau dieses Hauses entspricht. Die Saisonkarte, die alle drei Monate neu gestaltet wird, könnte Folgendes bieten: Terrine von Drachenkopf, Lauch und Venusmuscheln an Gemüse-Vinaigrette CHF 22; im Ofen gebratene Taubenbrust auf Salatblättern mit Brotwürfeln und Schnittlauch CHF 24; Agnolotti mit Rotkohl und Entenragout an Trüffelsauce CHF 23; Fenchelcremesuppe mit Safranfäden und Muscheln CHF 14; gebratene Barbarie-Entenbrust und Stopfleber mit glasierten roten Zwiebeln CHF 47; gebratene Rinderfilets mit Gänseleber und Trüffel an einer Champagnersauce CHF 48; gebratene Aalmedaillons auf Sauerkraut mit edelsüssem Paprika und Weissweinsauce CHF 40; pochierter Hummer und Teigtaschen mit Octopus an Kavier Sauce CHF 52; gratinierte exotische Früchte mit Kokosnuss-Sorbet CHF 14; Rotweinbirne mit Baumnusseis und Nougatblättern CHF 16.

WARME KÜCHE: 11.00 - 23.00 Uhr, nachmittags kleinere Karte
PLÄTZE IM RESTAURANT: 50
GARTEN / VERANDAPLÄTZE: 60
LEITUNG DES HAUSES: Peter A. Müller
RUHETAG: keiner
BETRIEBSFERIEN: keine
ANZAHL DER ZIMMER: 93
ZIMMERPREISE VON: EZ: CHF 290 - 350, DZ: CHF 410 - 480; Suiten ab CHF 700
SPORTMÖGLICHKEITEN
- IM/AM HAUS: eigenes Strandbad am Seeufer, Surfen, Hallenbad, Tennisplätze, Fitnessraum, Sauna, Beauty-Corner
- IN DER NÄHE: Segeln, Reiten (5 km), Golfplatz Magliaso (9 km)

BEMERKENSWERTES: Nur einige Schritte entfernt befindet sich, ebenfalls am Seeufer, die Villa Favorita. Bis 1992 befand sich hier die grosse Kunstsammlung Thyssen-Bornemysza. Auch heute sind hier wechselnde Kunstausstellungen von internationalem Niveau zu sehen.

HOTEL SPLENDIDE ROYAL
RIVA CACCIA 7
6900 LUGANO
TEL: 091/985 77 11
FAX: 091/985 77 22

NAVIGATION: Breite: 46°59,53/ Länge: 8°56,53
KREDITKARTEN: alle gängigen

HISTORISCHES HAUS AUS DEM JAHRE: 1887
BESCHREIBUNG DES HAUSES: Vor etwas mehr als hundert Jahren wurde aus einer älteren und viel kleineren Villa das Hotel Splendide, das 1902 noch einmal vergrössert und verschönert wurde und seitdem »Splendide Royal« heisst. Glücklicherweise hat dieser strahlende Prachtbau den zurückgehenden Tourismus im Tessin mehr oder weniger unbeschadet überstanden und kann jetzt wieder seine ganze Eleganz zeigen. Bei allen Neuerungen und Änderungen, die in den letzten Jahren vorgenommen wurden - blieb doch das besondere Flair des Hauses erhalten. Vielleicht liegt das auch an der Tatsache, dass - selbst als das Hotel an eine italienische Hotelkette veräussert wurde - mit dem Direktor Aniello Lauro ein Mann eingesetzt wurde, der vorher schon als leitender Angestellter über viele Jahre dem Haus verbunden war. Nur dadurch kann sich die Kontinuität erklären lassen, die dieses Haus so auszeichnet. Am Prunk der Erbauerjahre hat sich nichts geändert: Marmorböden, Perserteppiche, Kristalllüster, elegante Sitzgruppen, Säulen, alles strahlt unangetastet. Neu sind die Eingangshalle, viele moderne Einzelstücke in den renovierten Zimmern sowie das grosse beheizte Schwimmbad.

SPEIS UND TRANK: Das Restaurant des Splendide bietet nicht nur einen wunderschönen Blick auf die Uferpromenade und den See, sondern natürlich auch hervorragende Küche, die dem Niveau des Hauses entspricht:
Kaviar Malossol (Beluga) 50gr CHF 280; Seeteufelterrine auf Lauchbett mit Orangenessenz CHF 38; Entenleberterrine mit Frühlingssalat und Waldfrüchtekorb CHF 40; hausgemachte Kräuternudeln mit Tomaten und Pesto CHF 25; hausgemachte Garganelli mit frischem Thunfisch, Kürbisblumen und Basilikum CHF 28; überbackener Hummer mit Armagnac flambiert und wildem Reis CHF 58; Kalbsfilet mit Gänseleber und Périgourdine Sauce CHF 58; auch vegetarische Gerichte, z.B. Tessiner Gemüse mit Balsamico-Essig CHF 30; flambierte Banane mit Vanilie-Eis, 2 Personen CHF 36; Crêpes Suzette, 2 Personen CHF 42

WARME KÜCHE: 12.00 - 14.30 Uhr, 19.00 - 22.30 Uhr, 24 Stunden Room-Service (mit kleiner Karte von 23 - 7.00 Uhr)
PLÄTZE IM RESTAURANT: 65
LEITUNG DES HAUSES: Direktor Aniello Lauro
RUHETAG: keiner
BETRIEBSFERIEN: keine
ANZAHL DER ZIMMER: 82 Doppelzimmer, 4 Einzelzimmer, 8 Junior Suiten, 3 Suiten
ZIMMERPREISE: Hochsaison: DZ: CHF 500 - 620, EZ 340 - 400; Nachsaison: DZ: CHF 400 - 480, EZ: CHF 200 - 300
SPORTMÖGLICHKEITEN
- IM/AM HAUS: Hallenbad mit Terrasse, Sauna, Solarium und Massage

– IN DER NÄHE: alle Wassersportarten, 18-holes-Golf, Tennis, Freibad

BEMERKENSWERTES: Oberhalb des Hotels liegt der inzwischen öffentliche Garten der Villa La Florida, il giardino Florida, eine aussergewöhnliche Jugendstil-Anlage mit einmaligem Blick über den See und die Stadt in der Bucht.

ROMANTIKHOTEL TICINO
PIAZZA CIOCCARO 1
6900 LUGANO
TEL: 091/922 77 72
FAX: 091/923 62 78

ANREISE: Das Ticino liegt mitten in der Altstadt. Wollen Sie zum Essen kommen, ist es sicher am einfachsten, den Wagen am Seeufer, in Höhe der Piazza Riforma stehen zu lassen, hinter der die Piazza Cioccaro mit dem »Ticino« liegt. Sie können aber auch mit dem Auto direkt bis zum Haus fahren: Fahren Sie in Richtung Bahnhof, dann die Via San Gottardo am Bahnhof (Stazione) vorbei, danach ihre Verlängerung, die Via Maraini, dann links in die Via Motta. Dort finden Sie ein Parkhaus. Wenn Sie bis zum Ende der Strasse fahren, kommen Sie auf die Piazza Cioccaro.

NAVIGATION: Breite: 46°00,18/ Länge: 8°57,00
KREDITKARTEN: alle gängigen

HISTORISCHES HAUS: aus dem 16. Jahrhundert
BESCHREIBUNG DES HAUSES: Mitten in der sehr italienisch anmutenden Altstadt von Lugano liegt das 400 Jahre alte Haus mit seinem hübschen, mit vielen Blumen geschmückten Innenhof, aus dem das Romantikhotel Ticino geworden ist. Mit viel Liebe und Geschmack haben Claire und Samuel Buchmann aus diesem historischen Stadthaus ein kleines Juwel gemacht, in dem jedes Zimmer sein ganz eigenes Ambiente hat. Der offene Innenhof mit seinen Arkaden bildet das Herz des Hauses. Die 18 Zimmer und zwei Juniorsuiten wurden mit ausgewählten, oft historischen Möbeln einge-

richtet, auch die bildenden Künste sind in diesem Hause überall präsent. Eine besonders schöne Einrichtung ist die Bibliothek des Hauses. Jedes Zimmer bietet Bad, WC, Telefon, Radio, Mini-Bar, sowie Fernsehen auf Wunsch. Was dieses Haus allerdings ausmacht, ist nicht nur sein durch und durch erstklassiger Service, sondern die besondere Herzlichkeit, die der Gast hier erfährt. Ein Aufenthalt ist ein Erlebnis!

SPEIS UND TRANK: Zum Haus gehört ein elegantes, modernes Restaurant mit erstklassiger, leichter Küche. Beispielsweise: Pigeon Royal au vieux Porto (Königstäubchen) CHF 60; Sisteron-Lammrücken aus dem Ofen mit Bio-Gemüsen CHF 58 pro Person; täglich frische Meer- und Süsswasserfische nach Art des Hauses, leichte mediterrane Küche CHF 56 / 64; Hausgemachte Pasta CHF 25; Herrliche Dessert-Kreationen zu CHF 18 - 24.

WARME KÜCHE: 12.00 - 14.30 Uhr und 19.00 - 22 Uhr
PLÄTZE IM RESTAURANT: 30
GARTEN / VERANDAPLÄTZE: kleine Terrasse zum Apéritif
LEITUNG DES HAUSES: Claire und Samuel Buchmann
RUHETAG: keiner, Restaurant am Samstag und Sonntag nur abends geöffnet
BETRIEBSFERIEN: Januar
ANZAHL DER ZIMMER: 18 sowie zwei Juniorsuiten
ZIMMERPREISE: CHF 380 - 480, Juniorsuite auf Anfrage
SPORTMÖGLICHKEITEN IN DER NÄHE: alle Wassersportarten, Tennis, Golf, Reiten.

BEMERKENSWERTES: Hier sind Sie mitten in der Altstadt von Lugano, zwischen Kirchen wie Santa Maria degli Angioli und der Kathedrale San Lorenzo, aber auch zwischen Boutiquen sämtlicher grosser italienischer Mode-Namen, Cafés, schönen Terrassen auf kleinen Plätzen, wo Sie beim Espresso das ganze Flair des Südens geniessen können. Die sehr herzliche Frau Buchmann hat darüberhinaus sehr gute Kontakte zum Hermann-Hesse-Museum in Montagnola und kann gern eine Führung mit dem Sohn des grossen Dichters arrangieren. Von April bis Mitte Juni finden unweit vom Hotel Internationale Konzertwochen statt. Das Haus kümmert sich gern um Ihre Ticket-Reservierungen!

HOTEL VILLA PRINCIPE LEOPOLDO
VIA MONTALBANO 5
6900 LUGANO
TEL: 091/985 88 55
FAX: 091/985 88 25
e-mail: info@leopoldo.ch

ANREISE: Vom Seeufer aus die Strasse nach Agno bergwärts (via Mazzini), an der 1. Ampel geradeaus weiter in die Via Riva, die in die Via Montalbano übergeht; vor dem Stadtende Luganos links zur Villa (beschildert).
NAVIGATION: Breite: 45°59,42/ Länge: 8°56,24
KREDITKARTEN: alle gängigen

HISTORISCHES HAUS: um 1900
BESCHREIBUNG DES HAUSES: Dieses wunderschöne, höchst luxuriöse, aber in dieser Landschaft etwas fremd scheinende Gebäude mit seiner vielleicht eher englisch wirkenden Fassade, war die Residenz des Prinzen Leopold von Hohenzollern, erbaut auf einem traumhaften Stück Land auf der Höhe der Collina d'Oro, dem »Goldenen Hügel«, mit unvergleichlichem Blick über den See und die Berglandschaft. Heute ist die Villa, die eher ein kleines Sommerschloss gewesen sein mag, ein prachtvolles Luxushotel mit grandiosen Salons, Aufenthaltsräumen, einem schönen Restaurant und unglaublichen, ganz modernen und sehr raffinierten Suiten, die alle direkten Zugang zum Garten haben und unterhalb des eigentlichen Hauses liegen. Glücklicherweise ist bei der Umwandlung des Privatpalastes in ein Luxushotel in den historischen Räumen nichts angetastet worden: die endlosen, spiegelnden Parkettböden

knarzen, der Marmor blitzt und die schönen Bilder und Stuckaturen leuchten wie eh und je.

SPEIS UND TRANK: Im Restaurant oder auf der schönen Panoramaterrasse hoch über dem See bietet Chef de Cuisine Dario Ranza Erstklassiges. Zum Beispiel: Marinierter Fächer mit Kräutern und Kichererbsen-Püree an Sesam CHF 28; Entenleber-Terrine mit Kürbis-Chutney CHF 38; Suppe von Kichererbsen mit Curry und St. Jakobsmuschel an gerösteten Sesam CHF 26; schwarze Nudeln mit Lauch und Lachs CHF 35; wunderbare Risotti ab CHF 34; junges Entenbrust-Confit an Merlot mit Leber CHF 55; Tranche vom Steinbutt mit Artischocken und Balsamico-Essig CHF 55; Wolfsbarsch von der bretonischen Küste in der Salzkruste für zwei Personen CHF 68 pro Person. Ebenfalls für zwei Personen: Geröstetes Perlhuhn aus der Ardèche mit Äpfeln und Zitronenjus pro Person CHF 54. Gabriele Speziale, ein hervorragender Weinkenner, hilft Ihnen mit der erlesenen Weinkarte. Hotelgäste werden gebeten einen Tisch rechtzeitig zu reservieren, da das Restaurant auch zahlreiche externe Gäste anzieht.

WARME KÜCHE: 12.00 - 14.00 Uhr und 19.00 - 22.00 Uhr
PLÄTZE IM RESTAURANT: 60
VERANSTALTUNGSRÄUME: prachtvolle historische Räumlichkeiten für bis zu 60 Personen
GARTEN / VERANDAPLÄTZE: 70
LEITUNG DES HAUSES: Maurice R. L. Urech
RUHETAG: keiner
BETRIEBSFERIEN: keine
ANZAHL DER ZIMMER: 71 Zimmer und 4 Suiten

ZIMMERPREISE: EZ: CHF 250 - 620, DZ: CHF 360 - 730
SPORTMÖGLICHKEITEN
-IM/AM HAUS: das Haus bietet Schwimmbad, 2 Tennisplätze, Sauna, Gymnastikraum, Solarium und Einrichtungen für Hydromassage
- IN DER NÄHE: Golfplatz Magliaso (18 holes), Reitbahn, Wasserski, Windsurfen - alles mit dem hauseigenen Limousinen-Service innerhalb von fünf bis zehn Minuten zu erreichen!

BEMERKENSWERTES: Die hauseigenen Limousinen holen Sie vom Bahnhof oder vom Flughafen ab (sogar aus Mailand - Malpensa, nur 1 Stunde entfernt!), oder bringen Sie ins Zentrum von Lugano oder an den See. Ohne Limousine erreichen Sie in der direkten Umgebung die botanischen Gärten mit Azaleen, Lavendelheide, Ginster und Heidekrautarten. Von einem Landschaftsarchitekten können begleitete Führungen organisiert werden.

HOTEL DES BALANCES
WEINMARKT
6005 LUZERN
TEL: 041/418 28 28
FAX: 041/418 28 38
e-mail: info@balances.ch
homepage: www.balances.ch

ANREISE: Das Hotel des Balances liegt in der Fussgängerzone der Stadt, dabei aber ganz in der Nähe der Parkhäuser rings um die Bahnhofstrasse. Dort sollten Sie Ihr Auto abstellen, und dann zu Fuss über den Rathaussteg oder die Reussbrücke gehen. Sie sehen das Hotel am anderen Ufer liegen.
NAVIGATION: Breite: 47°03,07/ Länge: 8°18,18
ENTFERNUNG NACH: Bern 115 km, Basel 103 km, Zürich 83 km
KREDITKARTEN: alle gängigen

HISTORISCHES HAUS AUS DEM JAHRE: 1836
BESCHREIBUNG DES HAUSES: Dieses Hotel liegt in absolut einmaliger Lage inmitten der wohl schönsten Stadt der Schweiz: auf der einen Seite steht es am Weinmarkt, sozusagen mit beiden Beinen in den Gassen der Altstadt, und auf der anderen Seite liegt es direkt am Ufer der Reuss, dem Fluss, der Luzern durchzieht und den, links und rechts vom Hotel die berühmten historischen Brücken überspannen. Eigentlich wurde dieses Gebäude schon 1367 erbaut, war erst Rathaus, dann Zunfthaus der Schützen, zwischendurch Schule, immer aber auch schon Herberge und Taverne »Zum roten Gatter«. Nachdem 1833 eine Feuersbrunst die ganze Häuserzeile mehr

oder weniger zerstört hatte, wurde das Haus neu aufgebaut und war dann Hotel. Die schöne bemalte Fassade zur Altstadt hin stammt aus dem Jahr 1893: ausgeführt hat sie der damalige Leiter der Luzerner Kunstgewerbeschule nach Entwürfen von Hans Holbein. Heute verbindet das »Balances« im Innern schöne historische Räumlichkeiten und Komfort. Alle Zimmer sind auf angenehme Weise modernisiert worden. Das gilt auch für das sehr schicke Restaurant »La Vague«, mit einmaligem Blick auf Fluss und Terrasse. Die Flussseite des Hauses wurde zuletzt 1900 umgebaut und ist seitdem so erhalten geblieben. Damals spendete der Hotelier der gegenüberliegenden Kirche grosszügige Summen, damit durch das Morgenläuten um 4 und um 5 Uhr der Schlaf seiner Gäste nicht gestört würde – ein gentleman's agreement, das gut funktionierte. Zu jener Zeit stiegen berühmte Leute hier ab, so der irische Dichter und Dramatiker G.B. Shaw und die niederländische Königin Wilhelmine mit ihrer Tochter. Zwischen den beiden Kriegen war das »Balances« ein beliebter Treffpunkt für Künstler. Das war auch noch in den 60er Jahren so, als der längst weltberühmte Emil Steinberger hier im Haus seine allerersten Programme bestritt! Verlangen Sie unbedingt ein Zimmer zum Fluss – Sie werden sich wie in Venedig fühlen.

SPEIS UND TRANK: Das angenehme, ultramoderne und sehr elegante Restaurant im Erdgeschoss bietet heutzutage eine Apéro-Bar, das Tagesrestaurant »Galerie« und das Gourmet-Restaurant »La Vague«. Die post-moderne Innenarchitektur ist hier zum gelungenen Gesamtkunstwerk geworden und erinnert vom Niveau her eher an Paris oder London! Dem leichten, hellen, funkelnden Rahmen entsprechend gibt es hier auch ganz leichte moderne und dabei sehr ausgewogene Küche. Neben der Karte gibt es ein täglich wechselndes Menu du Marché. Hausgemachte Ochsenschwanzravioli an Champagnersauce mit Petersilien-Emulsion und Tomatenkonfit CHF 19; gebratene Wachtelbrüstchen mit Trüffeljus, Artischockenstreifen und Topinambour-Chips auf Nüsslisalat angemacht mit Olivenöl und weissem Balsamico CHF 26; zweifarbige Petersilienwurzel-Kressecremesuppe CHF 11; »Währschaftes«: Hausgemachter Hackbraten an Rotweinsauce mit Chässpätzli CHF 24; Luzerner Chüglipastete mit buntem Gemüse CHF 27; Mistkratzerli im Gusseisenpfännchen mit Kräuterbuttersauce, gebratene Kartoffeln und Marktgemüse CHF 35; Maispoulardenbrüstchen mit Mangofüllung an Zitronengrassauce mit Curryreis-Timbale und Romanesco CHF 36; Rentierentrecôte an Preiselbeersauce Topinambour-Gratin und Marktgemüse CHF 52; gebratene Felchenfilets mit Butter, Steinpilzen, Tomatenstreifen und Petersilie auf Blattspinat mit Sesam-Kartoffeln CHF 33; Meerwolffilet mit Kräutern im Ofen gegart auf Lauchbeet mit Tomatenkonfit, schwarzen Oliven und Thymian-Bratkartoffeln CHF 52; Lauchrisotto mit Luzerner Rahmkäse und sautierten Pilzen CHF 26; Sauerrahmköpfchen an Aprikosensauce mit in Cognac marinierten Dörrfrüchten und Pistacienglace CHF 13.

WARME KÜCHE: 11.00 – 23.00 Uhr, kleine Speisekarte: 13.30 – 18 Uhr und 22.00 – 23.00 Uhr
PLÄTZE IM RESTAURANT: 100
VERANSTALTUNGSRÄUME: zahlreiche Möglichkeiten
GARTEN / VERANDAPLÄTZE: 100
LEITUNG DES HAUSES: Peter E. Büsser
RUHETAG: keiner
BETRIEBSFERIEN: keine
ÖFFNUNGSZEITEN RESTAURANT: 8.00 – 0.00 Uhr
ANZAHL DER ZIMMER: 57
ZIMMERPREISE: von EZ CHF 210 bis SUITE CHF 550
SPORTMÖGLICHKEITEN IN DER NÄHE: alle Sportarten! Migros-Fitnesspark National

BEMERKENSWERTES: Wenn Sie auf der Terrasse des Restaurants oder auf dem Balkon Ihres Zimmers über der Reuss stehen, sehen Sie links den weltberühmten Wasserturm und die Kapellbrücke mit ihren Bildern, rechts die Spreuerbrücke und gleich gegenüber die Jesuitenkirche, erbaut 1666-77, die als eine der grössten Barockkirchen der Schweiz gilt und eine wunderschöne Innenausstattung vorweisen kann! Gleich um die Ecke steht das Renaissance-Rathaus der Stadt – ein perfekter Stützpunkt zur Eroberung dieser schönen Stadt!

CHATEAU GÜTSCH
KANONENSTRASSE
6000 LUZERN
TEL: 041/249 41 00
FAX: 041/249 41 91
e-mail: info@guetsch.ch
homepage: www.guetsch.ch

ANREISE: Von der Baselstrasse im Stadtzentrum von Luzern aus bergwärts (beschildert).
NAVIGATION: Breite: 47°03,07/ Länge: 8°17,35
KREDITKARTEN: American Express, Mastercard, Eurocard, JCB, Visa

HISTORISCHES HAUS AUS DEM JAHRE: 1879
BESCHREIBUNG DES HAUSES: Dieses Neuschwanstein-Schloss hoch über der Altstadt, das wie ein Wahrzeichen von überall her zu sehen ist, ist eines der ganz wenigen echten Schlosshotels der Schweiz, geplant und erbaut, kurz nachdem die »Gütsch« genannte Erhebung für den Tourismus und die Hotellerie erschlossen worden war. Seit 1884 fährt die hauseigene Drahtseilbahn von der Stadt zum Château hinauf, das 1888 bei einem Brand fast zerstört, aber gleich danach wieder aufgebaut wurde. Nach gründlichen Renovierungsarbeiten hat das Château heute seinen früher etwas müden Charme perfekt aufgefrischt. Doch die Zimmer und Salons mit ihren prunkvollen Antiquitäten, Gemälden, Spiegeln und dem unglaublich schönen Blick auf die Stadt wirken immer noch so, als vergehe hier die Zeit etwas langsamer. Hier weilten Grössen wie Rilke, Chaplin oder Toscanini. Kein

Wunder: Welches Hotel der Stadt kann Ihnen einen solchen Höhenblick auf Luzern und den See bieten? Ein Traum!

SPEIS UND TRANK: Marc Zimmermanns Restaurant »Château Gütsch« hat das Motto »ça vaut un detour!« – und für seine wunderbar ausgeglichene französisch-mediterrane Küche von hohem Niveau lohnt sich wirklich ein Umweg! Ansonsten gibt es inzwischen auch ein kleines, sehr feines orientalisches Restaurant namens »1001 Nacht«, in dem nicht nur eine stimmige Atmosphäre, sondern auch perfekt zubereitete indische Spezialitäten angeboten werden – in der Schweiz eher eine Seltenheit. Erwähnenswert ist die Aussichtsterrasse mit ihrem einmaligen Blick über Luzern. Wie schön, dass dieser Traum in den Wolken wieder zu frischer Jugend gefunden hat. Für beide Restaurants ist Platzreservierung unbedingt erforderlich (französisches Restaurant Tel: -41, orientalisches Restaurant Tel: -61). Der Sonntagsbrunch (von 11.15 – 14.00 Uhr) ist ebenfalls sehr beliebt.

ÖFFNUNGSZEITEN RESTAURANT:
Französisches Restaurant: 9.00 – 0.00,
Orientalisches Restaurant: ab 18.00 Uhr
PLÄTZE IM RESTAURANT: 160 und 35 im orientalischen
GARTEN / VERANDAPLÄTZE: 80
LEITUNG DES HAUSES: Peter Glanzmann
RUHETAG: keiner
BETRIEBSFERIEN: keine
ANZAHL DER ZIMMER: 31, davon 1 Suite und 2 Juniorsuiten, 1 Einzelzimmer
ZIMMERPREISE: DZ mit Waldblick CHF 380, DZ mit See-

blick CHF 420, DZ mit Balkon und Seeblick CHF 450, Orientalisches Zimmer CHF 320, Juniorsuite Pablo Casals CHF 550, Queen-Victoria-Suite CHF 650, Toscanini-Suite mit Terrasse CHF 950; Sonderarrangements wie etwa das »Schloss-Traumpackage« mit 6-gängigem-Schlossmenü, Champagner und Übernachtung.

SPORTMÖGLICHKEITEN IN DER NÄHE:
in Luzern: alle Sportarten

BEMERKENSWERTES: Das Haus wird umgeben vom Gütschwald, der zu Spaziergängen und zum Joggen einlädt.

GRAND HOTEL NATIONAL
HALDENSTRASSE 4
6002 LUZERN
TEL: 041/419 09 09
FAX: 041/419 09 10
e-mail: info@national-luzern.ch
homepage: www.national-luzern.ch

ANREISE: Fahren Sie ins Stadtzentrum, vorbei am Bahnhof, über die Seebrücke und folgen Sie dem Ufer rechts, über den Schweizerhofquai bis in die Haldenstrasse.
NAVIGATION: Breite: 47°03,18/ Länge: 8°18,51
KREDITKARTEN: alle gängigen
HISTORISCHES HAUS AUS DEM JAHRE: 1870

BESCHREIBUNG DES HAUSES: In diesem prachtvollen Luxushotel war Cesar Ritz, der König der Hoteliers, von 1875-87 Direktor, und als Koch arbeitete hier Auguste Escoffier, der wohl berühmteste aller Kochzauberer, der »Kaiser der Köche«. Hier entstanden Gerichte, die heute weltbekannt sind. Das Niveau hat sich im Lauf der letzten hundert Jahre kaum verändert. Vor 53 Jahren war der damalige Hoteldirektor einer der Gründer der Luzerner Festspiele und seitdem steigen die grössten Musiker und Dirigenten der Welt hier ab. Arturo Toscanini wohnte hier, Lorin Maazel, Zubin Mechta, aber auch Clark Gable, Montgomery Cliff, Leontyne Price, Paul Getty, Richard Burton ebenso wie Rex Gildo. Extrem elegant, dabei nicht im geringsten kühl oder unbelebt wirken die Salons, die Bar mit roten Marmorsäulen, dunklen Holztäfelungen und Flügel, die Halle und die verschiedenen Restaurants. Pracht-

voll ist das hohe Wiener Café mit seinen Säulenreihen, den Kronleuchtern und der schönen Terrasse zur Seepromenade. Dezent und elegant ist das französische Restaurant, das nach den Gründern des Hauses »Salon Pfyffer« heisst. Und luxuriös sind die Zimmer (mit neuvergoldeten Messingbetten, beheizbaren Kaminen, Möbeln im Empire-Stil), teilweise riesengross und mit schönem Blick über die Bucht und den See. Wie ein grosser Ozeandampfer liegt das National am Ufer. Und es ist auch mindestens so lang – eine Stadt in der Stadt.

SPEIS UND TRANK: Das Hotel bietet ein italienisches Restaurant, das Wiener Café, die Bar (mit Piano) sowie ein schönes französisches Restaurant, dessen Karte sich ganz an den Jahreszeiten orientiert.

WARME KÜCHE: 11.30 -14.30 Uhr, 18.30 – 23.30 Uhr
PLÄTZE IN DEN RESTAURANTS: insges. 245
PLÄTZE IM CAFE: 90
GARTEN / VERANDAPLÄTZE: 50
LEITUNG DES HAUSES: Umberto E. Erculiani
RUHETAG: keiner
BETRIEBSFERIEN: keine
ANZAHL DER ZIMMER: 75, 15 Suiten
ZIMMERPREISE: DZ: CHF 340 – 570; EZ: CHF 240; Suite: CHF 560 – 1.050
SPORTMÖGLICHKEITEN: Freibad, Tennis

BEMERKENSWERTES: Jährlich finden zwischen Mitte August und Mitte September die Internationalen Musikfestwochen in Luzern statt.

HOTEL PALACE
HALDENSTRASSE 10
6002 LUZERN
TEL: 041/416 16 16
FAX: 041/416 10 00
e-mail: info@palace-luzern.ch
homepage: www.palace-luzern.ch

ANREISE: Fahren Sie in die Stadtmitte, am Bahnhof vorbei, über die Seebrücke, folgen Sie dem Seeufer rechts in die Haldenstrasse. Das Palace liegt rechts der Strasse.
NAVIGATION: Breite: 47°03,18/ Länge: 8°18,57
KREDITKARTEN: alle gängigen

HISTORISCHES HAUS: um 1880
BESCHREIBUNG DES HAUSES: An der grossen Uferpromenade von Luzern, wo die Paläste sich aneinanderreihen, liegt auch dieser, ein Flaggschiff eleganter Hotellerie in dieser Stadt. Alles ist hell und sonnig wie die leuchtende Fassade, die über den ganzen See hinweg zu sehen ist. In den letzten Jahren wurden die Salons und Aufenthaltsräume mit viel Geschmack modernisiert – ohne dass dabei das historische Ambiente des Hauses beeinträchtigt wurde. Nun herrschen elegante, blumige Druckstoffe vor, helle Sonnenfarben und gelungene Farbkontraste. Alle 157 Zimmer sind unterschiedlich und luxuriös eingerichtet.

SPEIS UND TRANK: Für verschiedene Gelegenheiten bietet das Palace Hotel Unterschiedliches: Für das hochelegante Diner das Restaurant »Les Artistes« mit seinem authentischen

Jugendstilambiente, der atemberaubenden Aussicht und einer leichten, mediterranen Küche; für Unterhaltung (mit dezenter Live-Piano-Musik) bei hochwertiger Küche das »Le Mignon«, ein herausragendes A-la-carte Restaurant, wie es dem Niveau eines solchen Hauses entspricht. Auf der Terrasse zum See und zur Uferpromenade gibt es Snacks.
Für Drinks, Apéritifs oder einen späten Cocktail gibt es die Rendez-vous-Bar mit Piano. Das Speiseangebot richtet sich ganz nach Marktlage und Jahreszeit.
Eine gute Idee: Viele Speisen gibt es auch als halbe Portion! Im »Mignon« könnte es z.B. geben (die Preisangaben beziehen sich auf ganze oder halbe Portionen): Krustentiersuppe mit Gartenkräutern CHF 19/12; Wachtelsalat mit Artischokken, Olivenöl und gebackenen Kartoffeln CHF 33/21; Goldbrassenfilet mit Pfifferlingen und jungem Spinat CHF 31/19.50; Bresse Poularde mit Knoblauch und Estragon gebraten, Kartoffel-Ravioli mit Zwiebeln CHF 53/33.50; gebratener Sankt-Peters-Fisch mit geschmortem Fenchel, Tomaten und Oliven in Öl CHF 56/35; Buttermilch-Terrine mit Früchten der Saison CHF 18; »Tarte tatin«: Aprikosen-Tarte mit Olivenöl-Eis, ca. 30 Min., CHF 18; marinierte Cavaillon-Melone mit Muskatwein-Gelee, Sorbet von exotischen Früchten CHF 18.

PLÄTZE IM RESTAURANT: Les Artistes: 80, Le Mignon: 75
GARTEN / VERANDAPLÄTZE: 35
LEITUNG DES HAUSES: Constancia und Andrea Jörger
RUHETAG: keiner
BETRIEBSFERIEN: keine
ANZAHL DER ZIMMER: 168

ZIMMERPREISE: DZ: CHF 365 - 620, EZ: CHF 260 - 485, Juniorsuite: CHF 550 - 725, Suite: CHF 1020 - 1240
SPORTMÖGLICHKEITEN
- IM/AM HAUS: Wellness-Corner mit 2 Saunen, Dampfbad, Solarium und Massage. Fitnesstrainerin im Haus, (öffentlicher) Fitnesspark wenige Schritte vom Haus entfernt: grosse Fitnessarena mit Badeparadies und Saunawelten (vergünstigter Eintritt)
- IN DER NÄHE: Golf, Tennis, Squash, Reiten, Wandern, Mountainbike, Paragliding.

OLD SWISS HOUSE
LÖWENPLATZ 4
6004 LUZERN
TEL: 041/410 61 71
FAX: 041/410 17 38

ANREISE: Fahren Sie in die Stadmitte von Luzern, am Bahnhof vorbei, über die Seebrücke, den Schweizerhofquai entlang und nehmen Sie dann, an der nächsten grossen Kreuzung, die Alpenstrasse links bis zum Löwenplatz. 50 m vom Old Swiss House gibt es ein Parkhaus, direkt vor dem Haus Parkuhren.
NAVIGATION: Breite: 47°03,23/ Länge: 8°18,38
KREDITKARTEN: alle gängigen

HISTORISCHES HAUS AUS DEM JAHRE: 1859
BESCHREIBUNG DES HAUSES: Dieses kleine, von aussen eher unscheinbare Riegelhaus am Löwenplatz ist in seinem Innern ein wahres Juwel: Antiquitäten, wunderschöne Gebrauchsgegenstände, erlesene Möbel, historische Fenster und Decken, die noch älter sind, als das Haus selbst, bilden einen insgesamt unvergleichlichen Rahmen. Sie können hier Wappenscheiben von 1575, aber auch einen Pfauen-Ofen von 1636 bewundern, kunstvolle, schwere Kassettendecken, alte Meissener Porzellanfiguren, Sheffield-Silber – das alles aber nicht wie in einem Museum, sondern als ein elegantes Ensemble, als perfekten Rahmen für die wunderbaren Speisen, die aus der Küche dieses Hauses kommen. Seit 1889 ist dieses Haus im Besitz der Familie Buholzer. Sein heutiges Aussehen erhielt es aber erst von Hanny und Willy Buholzer, die es

1961 übernahmen und die die vielen Sammlerstücke mit viel Liebe und Geschmack zusammenstellten. Inzwischen hat Hanny Buholzer Verstärkung von Sohn Philipp – und die Seele des Hauses ist schon gerettet. Auch jetzt werden Ihnen die Schätze des »Old Swiss House« gern erklärt. Dazu zählt übrigens auch eine lückenlose Sammlung aller Mouton-Rothschild-Jahrgänge – immerhin waren hier schon immer besonders passionierte Weinkenner am Werk, und im umhegten Keller ruhen 40.000 Flaschen (Willy Buholzer bekam 1985 beim »Concours mondial de la carte des vins« den ersten Preis für die beste Weinkarte der Welt verliehen)!

SPEIS UND TRANK: Philipp Buholzer arbeitete schon in Häusern wie Witzigmanns »Aubergine« in München oder der »Grappe d'Or« in Lausanne, bevor er in den elterlichen Betrieb einstieg. Seine Karte bietet Erlesenes aus frischen Produkten, ganz den Jahreszeiten angepasst. Die Hausspezialität ist das am Tisch zubereitete Wiener Schnitzel mit Butternudeln CHF 46 pro Person. Verlockend sind aber auch die Kalbsfiletmedaillons und Kumquats am Zitronengras-Spiess gebraten, Avocado-Reis und Kürbis-Aprikosenchutney CHF 54; zarter Wiener Tafelspitz, Rahmspinat und Salzkartoffeln CHF 41; Felchenfilets mit Kräutern, Rotweinjus und Butter CHF 38; Riesenkrevetten an scharfem Curry, Kokosnuss und Tomaten CHF 52; Parfait von Blutorangen auf Ananascarpaccio und Sesamhüppen CHF 15; in Armagnac eingelegte Pflaumen mit Halbgefrorenem von weisser Schokolade und Honigwaben CHF 15; Mousse von Parmesan mit getrockneten Tomaten, Oliven und altem Balsamico CHF 12.

WARME KÜCHE: 12.00 - 14.00 Uhr und 18.00 - 22.00 Uhr
PLÄTZE IM RESTAURANT: 100
VERANSTALTUNGSRÄUME: schöne Räume im 1. Stock bis ca. 50 Personen
GARTEN / VERANDAPLÄTZE: 50
LEITUNG DES HAUSES: Hanny und Philipp Buholzer
RUHETAG: Montag
BETRIEBSFERIEN: 2 Wochen Februar/März
ANZAHL DER ZIMMER: keine

BEMERKENSWERTES: Gleich gegenüber am Löwenplatz sehen Sie das runde Gebäude des Bourbaki-Panoramas. Dieses wunderschöne Riesen-Rundgemälde aus dem vorigen Jahrhundert zeigt eine Szene aus den Feldzügen der Franzosen in fast schon fotorealistischer Manier. Gleich nördlich des Old Swiss House steht das berühmte Löwen-Denkmal von Luzern.

ZUNFTHAUS ZU PFISTERN
KORNMARKT 4
6004 LUZERN
TEL: 041/410 36 50
FAX: 041/410 11 45

ANREISE: Das Zunfthaus liegt am Reuss-Ufer 7, direkt neben dem Rathaussteg.
NAVIGATION: Breite: 47°03,07/ Länge: 8°18,22
KREDITKARTEN: alle gängigen

HISTORISCHES HAUS AUS DEM JAHRE: 1408
BESCHREIBUNG DES HAUSES: In diesem historischen Haus am Reussufer gibt es verschiedene Lokale und Restaurants, darunter auch die Zunftstube mit ihren gemalten Wappen von 1894. Wie der alte Name besagt, war dieses Haus das Zunfthaus der Bäcker und Müller und ist es noch heute. Die Zunftstube mit ihren holzgetäfelten Wänden und Fenstern mit Blick auf den Fluss ist heute eine hübsche, schlichte Gaststube mit Holztischen und hölzernem Boden, in der es gute, bodenständige und preisgünstige Küche gibt.

SPEIS UND TRANK: Hausgemachte Gulaschsuppe; Schweinshaxe Braumeister Art, in Biersauce geschmort, mit Kartoffelschnee; Felchenfilet Luzerner Art mit Zwiebeln, Tomatenwürfli und frischen Champignons; Buureschmaus mit Salami, Schinken, Hobelkäse und Buurespeck.

ÖFFNUNGSZEITEN: 9.00 – 0.00 Uhr durchgehend
WARME KÜCHE: 11.30 – 23.00 Uhr durchgehend

PLÄTZE IM RESTAURANT: Zunftstube 60, Pfisterstube 50
GARTEN / VERANDAPLÄTZE: 200 auf der Terrasse bis zur Reuss, ausserdem einige Plätze auf dem hübschen Balkon vor der Zunftstube, im 2. Stock
LEITUNG DES HAUSES: Liselotte Schmid
RUHETAG: keiner
BETRIEBSFERIEN: Januar
ANZAHL DER ZIMMER: keine

BEMERKENSWERTES: Sie befinden sich hier ganz in der Nähe des Kunstmuseums beim Bahnhof, das auf der anderen Flussseite, gleich links neben dem Gebäude des Bahnhofs liegt.

**WEISSKREUZ
RATHAUSGASSE
7208 MALANS
TEL: 081/322 81 61
FAX: 081/322 81 62**

ANREISE: Autobahn N13 Lustenau - Chur bis Ausfahrt Landquart. Landstrasse bis Malans bergauf. Das Weisskreuz ist im Ort unübersehbar.
NAVIGATION: Breite: 46°58,55/ Länge: 9°34,34
ENTFERNUNG NACH: Landquart 2 km
KREDITKARTEN: Diners, Eurocard, Visa

HISTORISCHES HAUS: um 1800
BESCHREIBUNG DES HAUSES: Dieser prachtvolle, ausladende Steinbau steht in dem kleinen Weinbaudorf fast wie ein kleiner weisser Gipfel da: Wehrhaft, aber einladend, und mit so viel gemütlich-gepflegter Atmosphäre, dass sich selbst ein weiterer Weg lohnt! Wunderschön sind die Stuben im Altbau: Die Ratsherrenstube (immerhin sind wir hier in der Rathausgasse!), oder die Bündtnerstube mit ihren Täfelungen und sehenswertem Schieferboden. Eine besondere Geschichte hat die winzige »Jodlerstube« mit nur wenigen Plätzen: Hier übten einst - wie schon der Name nahelegt - die

Jodler. Wenn es dabei zu spät wurde, konnte schon einmal die Sperrstunde übersehen werden. Die wurde allerdings strengstens kontrolliert. Wenn es – dank Obrigkeit – in der Stube zu brenzlig wurde, flüchteten die Jodler durch eine Klappe in der Täfelung hinauf auf den Dachboden, und kamen erst wieder herunter, wenn »die Luft rein« war! Auch der »Torkel« hat eine eigene Geschichte: Hier wurde einst Wein gepresst. Heute bietet der stimmungsvolle Raum mit seinen Kerzenleuchtern und den schlichten Bänken einen sympathischen Rahmen für kleine Feiern. Im Neubau, der vorsichtig angegliedert wurde, findet sich eine moderne Gaststube, die mit ihrer Täfelung ebenfalls sehr schön ist, und auch die Zimmer sind edel, schlicht und hell eingerichtet und bieten teilweise einen unglaublichen Ausblick.

SPEIS UND TRANK: Die Karte bietet eine gute Auswahl an Einheimischem in bemerkenswerten, neuen Interpretationen und hohem Niveau. Eine absolute Spezialität des Hauses sind die »capuns«, die auf den ersten Blick etwa so aussehen wie gefüllte Weinblätter aus dem mediterranen Süden: Hier werden, meist in Mangoldblätter gehüllt, allerlei Füllungen zelebriert, oft mit Späzleteig, Wurst, Meeresfrüchten, Kräutern, Bärlauch – je nach Saison. Die Weinkarte bietet eine erstaunliche Auswahl an Tropfen aus der Bündtner Herrschaft. Und auch der hauseigene Apfelwein ist köstlich.

WARME KÜCHE: 12.00 – 14.00 Uhr, 18.30 – 21.30 Uhr
PLÄTZE IM RESTAURANT: 70 in mehreren Stuben
GARTEN / VERANDAPLÄTZE: 60
LEITUNG DES HAUSES: Horst Sülzmann

RUHETAG: bitte erfragen
BETRIEBSFERIEN: bitte erfragen
ANZAHL DER ZIMMER: 11
ZIMMERPREISE: CHF 100 - 230
SPORTMÖGLICHKEITEN IN DER NÄHE: Wandern und Mountainbiken im Sommer, und im Winter gibt es 5 Skigebiete im näheren Umkreis.

BEMERKENSWERTES: Im Sommer hat dieser Ort am Hang hat mit seinen Gärten - hinter teils hohen Mauern - ein besonderes südländisches Ambiente: Nach dem wunderbaren Essen sollten Sie unbedingt den phantastischen Ausblick geniessen.

HOTEL HIRSCHEN AM SEE
SEESTRASSE 856
8706 MEILEN
TEL: 01/925 05 00
FAX: 01/925 05 01
e-mail: reservation@hirschen-meilen.ch

ANREISE: Von Zürich: Landesstrasse 17 über Küsnacht in Richtung Rapperswil bis Obermeilen (Ortsteil von Meilen). Von Norden: Autobahn Zürich – Jona bis Ausfahrt Rapperswil, Landstrasse 17 bis Obermeilen. Von Osten und Süden: Autobahn N3 bis Ausfahrt Pfäffikon, Landstrasse über Rapperswil und Stäfa bis Obermeilen. Hotel Hirschen zwischen Landstrasse und See.
NAVIGATION: Breite: 47°16,37/ Länge: 8°37,05
ENTFERNUNG NACH: Zürich 16 km
KREDITKARTEN: alle gängigen

HISTORISCHES HAUS AUS DEM JAHRE: 1605
BESCHREIBUNG DES HAUSES: Dieser behäbige Bau mit eigener kleiner Bootshaab direkt am See, hat schon seit über 300 Jahren das Tavernenrecht belegt. Früher hatte der Wirt des Hirschen neben der Verpflegung der Gäste allerdings auch noch ganz andere Aufgaben: So musste er von 1835 bis zur Jahrhundertwende, mittels einer Glocke auf der Dachzinne, die er von der Gaststube aus betätigen konnte, die Ankunft der Schiffe ankündigen. Bei Nebel wurde die Glocke zum Wegweiser. Ab der Jahrhundertwende befand sich die Haltestelle der elektrischen Bahn Wetzikon – Meilen direkt vor dem Haus und der »Hirschen« wurde Zwischenstation vieler Rei-

sender und Ausflügler. In den letzten Jahren ist der schöne Gasthof liebevoll und mit viel Aufwand restauriert und modernisiert worden. Ganz vorsichtig wurde dabei mit den Gaststuben umgegangen, deren alte Balken, Holztäfelungen, Einbauschränke und Möbel erhalten werden sollten. Inzwischen kann der Gast hier unter Kronleuchtern an geschmackvoll gedeckten, Tischen die leichte, kreative und frische Küche des Hauses geniessen. Wunderschön ist auch die grosse Terrasse mit Blick über den See. Auf der Seeseite gibt es unter den alten Stuben ausserdem moderne Räumlichkeiten, einen grösseren Speisesaal und eine Bar, die in ihrer Einrichtung ebenfalls sehr geschmackvoll und gut gelungen sind. Die 16 Zimmer sind modern und gut ausgestattet und alle individuell eingerichtet. Keines gleicht hier dem anderen. Die angenehme, freundliche Atmosphäre prägt das ganze Haus. Schön sind die acht Zimmer mit Seeblick, ganz besonders romantisch jene, die gleich unter dem Dach sind!

SPEIS UND TRANK: Frisch, leicht und kreativ: das ist das Credo der Küche im »Hirschen« – und die Küchenmannschaft wird ihm durchaus gerecht. Für die Speisen werden ausschliesslich hochwertige saisonorientierte Frischprodukte verwendet. Die Karte im Restaurant könnte u.a. bieten: Kalbfleischcarpaccio Ligurische Art mit Auberginen-Frischkäse-Röllchen CHF 22.50; hausgemachte Rahmnudeln »Alfredo« CHF 19.50; Eschalottenschaumsuppe mit Käsecroûtons CHF 12; pochierte Eglifilets an Rieslingrahmsauce mit Gemüsereis CHF 38; drei verschiedene Meeresfischmedaillons vom Grill, Sauce Béarnaise, Blattspinat und Salzkartoffeln CHF 42; Lammkarree, rosa gebraten mit Kräutern auf Auberginenpüree, Kartoffelgratin und Gemüse CHF 41; gefüllte Kalbsschnitzel

»Züribieter Art« an Rieslingsrahmsauce, feine Nudeln und Gemüse CHF 39.50; gebrannte Creme in der Honigwabe mit marinierten Orangen CHF 13.50; hausgemachtes Sorbet nach Wahl: Limone, Blutorange, Mango, Himbeer, Passionsfrucht CHF 9.50; Zitrusfrüchte-Gratin mit gefüllten Crêpes CHF 13.50. Zahlreiche Weine aus verschiedenen Anbaugebieten der Schweiz und Frankreich. Die Karte der Taverne bietet etwa: Grünerbsensuppe Piemonteser Art mit Thymian CHF 8.50; Kravättli an Rahmsauce mit Pouletwürfel und getrockneten Tomaten CHF 22; Weissweinrisotto mit sautierten Meerfischwürfeln und Gemüse CHF 31; geschnetzelte Kalbsleber mit Kräutern, Rösti und Gemüse CHF 29.50; Vanillecremetorte mit mariniertem Biskuit CHF 8.50; Sorbetteller mit frischen Früchten garniert CHF 11.

ÖFFNUNGSZEITEN:
Rezeption und Restaurant 6.00 - 0.00 Uhr
WARME KÜCHE: 11.30 - 22.00 Uhr
PLÄTZE IM RESTAURANT: Restaurant: 60, Taverne: 60
GARTEN / VERANDAPLÄTZE: Seeterrasse: 110, Garten Taverne: 40
LEITUNG DES HAUSES: Martin Stierli
RUHETAG: keiner
BETRIEBSFERIEN: keine
ANZAHL DER ZIMMER: 16
ZIMMERPREISE: DZ: CHF 190 - 240, EZ: CHF 100 - 220, Junior-Suite: CHF 275
SPORTMÖGLICHKEITEN
- IM/AM HAUS: Schwimmen vom eigenen Steg aus
- IN DER NÄHE: Rudern, Segeln, Wandern, Wasserski, Surfen und Golf

PARKHOTEL DU SAUVAGE
3860 MEIRINGEN IM BERNER OBERLAND
TEL: 033/971 41 41
FAX: 033/971 43 00

ANREISE: Von Norden: Landstrasse 4 von Luzern bis über den Brünigpass, entlang der Flanke des Hasliberges, dann ostwärts bis Meiringen. Von Westen: Von Thun über Interlaken und auf der Schnellstrasse am Brienzer See entlang, an Unterbach vorbei bis Meiringen. Von Osten: Die Landstrasse über den Sustenpass (2224 m über dem Meer) und über den Furka- (2431 m) und Grimselpass (2165 m, teilweise 13% Gefälle) führen beide bis Meiringen. Sie bieten unglaubliche Landschaften und Panoramen, sind aber auch »richtige« Bergstrassen.
NAVIGATION: Breite: 46°43,41/ Länge: 8°11,06
ENTFERNUNG NACH: Interlaken 30 km
KREDITKARTEN: alle gängigen

HISTORISCHES HAUS AUS DEM JAHRE: 1880
BESCHREIBUNG DES HAUSES: In Meiringen scheint – auf höchst angenehme Weise – die Welt zu Ende zu sein. Ähnliches muss auch Conan Doyle gedacht haben, der 1893 hier zu Gast war und im »du Sauvage« abstieg. Die Landschaft, und vor allem die Reichenbachfälle, schienen ihm der perfekte Hintergrund für das Ende seines Helden Sherlock Holmes zu sein.
Damals war das »Sauvage« noch das Hôtel des Anglais, das Hotel der Engländer, und verfügte sogar über eine hauseigene Kapelle für die Gottesdienste der Inselbewohner. Das Auf-

tauchen Meiringens in Doyles Roman »The Final Problem« verstärkte das Interesse der Engländer natürlich noch. Heute ist das »Sauvage« längst nicht mehr nur Engländern vorbehalten – obwohl es von Oktober bis Juni regelmässig Sherlock-Holmes-Wochenenden veranstaltet. Drei Mordsgeschichten verweben sich dann zu einem aufregenden und sehr lebendigen Krimispass – einer gekonnten Mischung aus Livetheater und Kriminalermittlung. 1976 spielte hier übrigens der britische Aussenminister die Rolle des Sherlock Holmes.

Das von aussen imposante Gebäude hat eine angenehme Wintergarten-Bar und einen renovierten, stilvollen Speisesaal. Auch in Eingangsbereich und Treppenhaus hat der Hausherr in monatelanger Arbeit die wunderschönen Wandmalereien eines böhmischen Wandermalers wiederherstellen lassen, der hier sein Talent im Frühjugendstil bewies. Die Zimmer sind modern. Übrigens liess die grosse Fangemeinde Sherlock Holmes' es nicht zu, dass ihr Held in den Reichenbachfällen tatsächlich zu Tode gekommen sein sollte. Vier Jahre nach dem Sturz des Helden tauchte er plötzlich wieder auf – und spielte noch in weiteren 46 Romanen seines geistigen Vaters die Hauptrolle!

SPEIS UND TRANK: Das »Sauvage« bietet das A-la-carte-Restaurant »La Meringue«, in dem abends bei Kaminfeuer in gepflegter Atmosphäre diniert werden kann. Im Keller des Hauses liegt überdies der »Chäs-Chäller« mit bodenständigen Speisen wie Tatarenhut mit Salatbuffet und Dessert CHF 58; Röstispezialitäten CHF 10.80 – 16.50; Steakkarte CHF 21.50 – 40; grosse Glacekarte CHF 8 – 12.50; verschiedene Spezialitätenwochen.

WARME KÜCHE: 11.00 - 23.00 Uhr
PLÄTZE IM RESTAURANT: 45
GARTEN / VERANDAPLÄTZE: 120
LEITUNG DES HAUSES: Jörg Musfeld-Brugnoli
RUHETAG: keiner
BETRIEBSFERIEN: keine
ÖFFNUNGSZEITEN: Hotel: 7.00 - 23.00 Uhr;
Restaurant: 9.00 - 0.30 Uhr
ANZAHL DER ZIMMER: 75
ZIMMERPREISE: EZ: CHF 125 - 140, DZ Standard: CHF 100 - 115; DZ Deluxe: CHF 140 - 155, Preise inkl. Frühstück
SPORTMÖGLICHKEITEN
- IM/AM HAUS: Den Gästen des »Sauvage« steht das Hallenbad im Ort (4 Min. Fussweg entfernt) ebenso zur Verfügung wie das Fitness-Center (2 Min. zu Fuss), das einen Gerätekraftraum sowie Sauna und Whirlpool bietet. Gleich hinter dem Haus wartet dann die sonnige Liegewiese.
- IN DER NÄHE: Die Region Hasliberg ermöglicht – mit 60 km Pisten in 2400 Metern über dem Meer – alle Wintersportmöglichkeiten und ist im Sommer ein herrliches Wandergebiet.

BEMERKENSWERTES: Die kleine neugotische Jahrhundertwende-Kapelle gleich neben dem Hotel, in der die englischen Gäste einst beteten, birgt heute ein interessantes Sherlock-Holmes-Museum, in dem Leben und Wirken des grossen Kriminalisten lebendig werden.

WIRTSHUUS ZUM RÖSSLI
BURGSTRASSE 1
4116 METZERLEN-MARIASTEIN
TEL: 061/731 14 74
FAX: 061/731 14 55

ANREISE: Von Norden: Autobahnabzweigung von Basel nach Aesch, Landstrasse über Ettingen und Wittelswil in Richtung französische Grenze, weiter über Flüh nach Metzerlen. Von Osten und Süden: Autobahn N1 bis Ausfahrt Oensingen, Landstrasse über Balsthal, Mümliswil, Ramiswil, Passwang, Beinwil, Büsserach, Breitenbach und Laufen nach Metzerlen.
NAVIGATION: Breite: 47°27,43/ Länge: 7°27,11
ENTFERNUNG NACH: Basel 18 km
KREDITKARTEN: alle gängigen

HISTORISCHES HAUS: um 1860
BESCHREIBUNG DES HAUSES: Das Rössli steht mitten in einem kleinen Dorf mit 77 Häusern in schöner Landschaft. Der Gründer des Gasthofes, Josef Koeninger, war vorher Gemeindeschreiber und erwarb das Anwesen am 4. April 1886 im Tausch. Seitdem sind Wirtshaus und Hof in Familienbesitz. Früher wurde der Wein im Waadtland gekauft und dann per Pferdewagen hierhergebracht. Das ist heute einfacher. Immer noch gehören zum Wirtshuus Landwirtschaft und Pferdehaltung, 200 Kirschbäume, 10 Hektar Ackerland mit Weizen, Raps, Gerste, Hafer und Kartoffeln für den Eigenbedarf. Berühmt ist das Rössli vor allem für seine Fleischspezialitäten, vor allem die »Metzgetä«, die Schlachttage, die es zwischen Oktober und Januar drei Mal gibt. Gleich rechts

finden Sie die schlichte Gaststube mit schwerer Holzdecke und den alten Courbet-Drucken. Das Rössli ist ein einfacher und sympathischer Landgasthof, wo man gute, bodenständige Gerichte zu sich nehmen kann.

SPEIS UND TRANK: Zahlreiche Geschnetzete mit Rösti (Kalb, Entrecôte oder Leberli). Sehr empfehlenswert ist auch das Wild aus eigenem Revier.

WARME KÜCHE: 11.00 - 22.00 Uhr;
zwischen 14.00 und 17.00 Uhr kleine Karte
PLÄTZE IM RESTAURANT: 60
GARTEN / VERANDAPLÄTZE: 40
LEITUNG DES HAUSES: Hansruedi Koeninger-Borer
RUHETAG: Mittwoch und Donnerstag
BETRIEBSFERIEN: Anfang August
ANZAHL DER ZIMMER: keine

BEMERKENSWERTES: Erwandern Sie sich dieses Jura-Hochplateau kurz vor der französischen Grenze. In Burgund, gleich östlich von Metzerlen gibt es befestigte Anlagen zu sehen (Burg Rotberg ist Jugendherberge). In Metzerlen-Mariastein gibt es ein immer noch intaktes Benediktiner-Kloster.

HOTEL EDEN AU LAC
RUE DU THEATRE 11
1820 MONTREUX
TEL: 021/966 08 00
FAX: 021/966 09 00
e-mail: edenmontreux@cdmgroup.ch
homepage: www.edenmontreux.ch

ANREISE: Autobahn Lausanne – Montreux bis Montreux. Hauptstrasse bis zum Marktplatz, an den man rechts hinauffährt (zum Seeufer hin), gleich links führt die rue du Theatre erst ein Stückchen am Ufer entlang bis zum Hotel.
NAVIGATION: Breite: 46°25,48/ Länge: 6°54,36
ENTFERNUNG NACH: Zürich 265 km, Genf 95 km, Lausanne 31 km
KREDITKARTEN: alle gängigen

HISTORISCHES HAUS AUS DEM JAHRE: 1896
BESCHREIBUNG DES HAUSES: Dieses wunderschöne, weisse Gebäude in seinem Garten, ist das einzige Grand Hotel von Montreux, das direkt am Seeufer steht und nicht durch die Hauptstrasse vom Wasser getrennt wird: Hier trennen nur die Uferpromenade und der üppige Streifen Garten das Hotel vom See. Nehmen Sie unbedingt ein Zimmer zum See, vielleicht sogar in einem höheren Stockwerk – umso schöner wird der Blick sein, den Sie geniessen können. Und wenn Sie abends auf ihrem kleinen Balkon sitzen und von unten nur die leise Kammermusik heraufdringt, die das Diner auf der Restaurant-Terrasse begleitet, dann fragen Sie sich nur, warum die Heure Bleue nicht viel länger dauert. Das Innere des »Eden«

hat sich das Flair der Jahrhundertwende erhalten können: die Halle mit ihren imposanten Säulen, den Stukkaturen, dem schönen Parkett und dem Flügel, die Salons, das Restaurant, die Bar, alles hat noch das heitere, elegante Ambiente einer Saison in der Belle-Epoque. Dabei ist nichts verstaubt: Haus und Interieur wurden gründlich und sehr behutsam renoviert, die Bäder sind hypermodern, gross und elegant und alle Zimmer bieten Farbfernseher, Radio, Selbstwähltelefon und Mini-Bar. Bemerkenswert ist auch die Gartenanlage neben dem See, mit grossem Pool auf einer erhöhten Terrasse, die einen phantastischen Panoramablick über See und Alpen bietet.

SPEIS UND TRANK: Das Restaurant »La Terrasse« bietet im üppigen Belle-Epoque-Rahmen gehobene, ausgewogene und niveauvolle Küche. Die Karte richtet sich in ihrem Angebot ganz nach den Jahreszeiten: Hummersuppe mit Calvados CHF 15; Entenleberterrine mit Champagnergelee CHF 26; hausgemachte Ravioli mit Pfifferlingfüllung CHF 24; Entenbrust gebraten mit Orangensauce CHF 36; sautierte Kalbsnieren an Senfsauce CHF 34; Lammkarree gebraten mit frischen Kräutern ab 2 Pers, CHF 48 (pro Person); Eglifilet gebacken, Müllerin Art CHF 36; Jakobsmuscheln auf Fenchel-Buttergemüse CHF 39; Seeteufel mit Speck und Lorbeer gebraten, glasierte Karotten CHF 36; gebrannte Creme CHF 10; Orangencrêpes mit Grand-Marnier.

WARME KÜCHE: 11.30 – 22.00 Uhr
kleine Karte: 14.00 – 18.00 Uhr
PLÄTZE IM RESTAURANT: 40

VERANSTALTUNGSRÄUME: Tagungscentrum Lord Byron
GARTEN / VERANDAPLÄTZE: 120
LEITUNG DES HAUSES: Direktor Bernard Tschopp
RUHETAG: keiner
BETRIEBSFERIEN: Mitte Dezember bis Ende Januar
ANZAHL DER ZIMMER: 105
ZIMMERPREISE: EZ: CHF 140 - 295, DZ: CHF 200 - 400
SPORTMÖGLICHKEITEN
- IM/AM HAUS: Swimming-Pool
- IN DER NÄHE: Golf 18-holes, Segeln, Schwimmen (15 Schwimmbäder, sowie Strand am See), Wasserski, Tennis, Rudern, Eislauf, Wintersport

BEMERKENSWERTES: Schauen Sie sich das Schloss Chillon aus dem 13. Jahrhundert an, das östlich von Montreux am Seeufer liegt. Spätestens seit Lord Byrons »Der Gefangene von Chillon« ist es weltberühmt geworden.

HOTEL MONTREUX PALACE
GRAND RUE 100
1820 MONTREUX
TEL: 021/962 12 12
FAX: 021/962 17 17
e-mail: sales@montreux-palace.com
homepage: www.montreux-palace.com

ANREISE: Das Palace liegt links von der Hauptstrasse kurz vor dem Marktplatz.
NAVIGATION: Breite: 46°26,13/ Länge: 6°54,29
KREDITKARTEN: alle gängigen

HISTORISCHES HAUS AUS DEM JAHRE: 1906
BESCHREIBUNG DES HAUSES: Das Montreux Palace Hotel ist sicherlich ein Inbegriff für erstklassige Grand-Hotellerie in der Schweiz, und zu recht eines der berühmtesten Luxushotels der Welt. Schon die endlos lange Fassade mit ihren 250 gelben Sonnenstores ist absolut imposant. Im Inneren vermischen sich Jugendstil und Neobarock zu einem prachtvollen Ganzen. Die Räume, Salons und Zimmer sind alle mit Stuck und Malereien reich verziert, teils von schönen Glaskuppeln überwölbt und zeigen noch heute den Glanz der Belle Epoque, als Europas Aristokratie, Russlands Prinzen, Bankiers aus New York und Plantagenbesitzer aus den Kolonien hierher kamen und die rauschenden Bälle besuchten. 1912 wurde zu ihrer Unterhaltung der »Pavillon des Sports« mit Tea-Room, Rollschuhbahn und Schiessstand eröffnet, der gegenüber am Rand des Hotelgartens steht und heute einen Dancing- sowie einen Konferenzsaal für 1500 Personen birgt. Berühmtes-

ter Langzeit-Gast war in seinen letzten Lebensjahren Nabokov. Das Hotel bietet nach umfangreichen Modernisierungsarbeiten (die glücklicherweise am Ästhetischen nichts verändert haben!) jeglichen modernen Komfort, sowohl in den einzelnen Zimmern, als auch für Tagungen, Seminare und Kongresse, die gern hier veranstaltet werden. In seinen prachtvollen Hallen und Boudoirs spiegelt das Palace immer noch die ganze Würde seiner Zeit.

SPEIS UND TRANK: Das Hotel bietet nicht nur die erste »Harry's New York Bar« der Schweiz, sondern auch das Restaurant Francais und das Grand Café. Schweizer Spezialitäten und Fisch gibt es in den zwei Restaurants der »Cave du Cygne«; das Sommerrestaurant »La Rose d'Or« nimmt in den warmen Monaten einen Teil der Terrasse ein. Das Restaurant bietet z.B.: Seezungenfiletsgrilliert auf Gemüse und Hummersauce CHF 31; Scampis gebacken in Safranbackteig mit confierter Orange CHF 44; flambierter Hummer an Whiskysauce CHF 57; Kalbsfilet mit Morcheln, grünem Spargel und Nudeln CHF 46; Rindfiletsteak sautiert, Bratkartoffeln und Gemüsebouquet CHF 45; Poulardenbrust im Netz auf Lauch mit Kartoffeln CHF 34;

WARME KÜCHE: 7.00 - 2.00 Uhr;
in der Sommersaison 24 Stunden
PLÄTZE IM RESTAURANT: 300 (in drei Restaurants)
VERANSTALTUNGSRÄUME: zahlreiche Möglichkeiten
GARTEN / VERANDAPLÄTZE: 150
LEITUNG DES HAUSES: Hans Wiedemann
RUHETAG: keiner

BETRIEBSFERIEN: keine
ANZAHL DER ZIMMER: 236
ZIMMERPREISE: EZ: CHF 300 - 410; DZ: 450 - 670
SONDERARRANGEMENTS: Zahlreiche Möglichkeiten für Gruppen, Tagungen und Seminare. Erkundigen Sie sich!
SPORTMÖGLICHKEITEN
- IM/AM HAUS: Beheiztes Schwimmbad, Tennis, Minigolf
- IN DER NÄHE: Golf 18-holes, Wassersport, Ski

BEMERKENSWERTES: Wunderschön ist ein Spaziergang durch die Weinberge, die Montreux umgeben. Im Juli jeden Jahres findet das weltberühmte Montreux Jazz Festival statt, das Grössen aus der ganzen Welt vereint.

RESTAURANT MOOSPINTE
3053 MÜNCHENBUCHSEE
TEL: 031/869 01 13
FAX: 031/869 54 13

ANREISE: Autobahn Bern – Biel bis Ausfahrt Münchenbuchsee. In der Hauptstrasse des Ortes dem Wegweiser »Bahnhof« folgen, immer geradeaus bis fast zur Autobahn. Kurz davor liegt links die Moospinte.
NAVIGATION: Breite: 47°01,48/ Länge: 7°27,35
ENTFERNUNG NACH: Bern 15 km
KREDITKARTEN: American Express, Diners Club, Eurocard, Visa

HISTORISCHES HAUS: um 1830
BESCHREIBUNG DES HAUSES: Dieses von aussen eher unscheinbare Haus birgt ein angenehmes Restaurant mit hübschen historischen Stuben, die geschmackvoll möbliert sind und eine freundliche Atmosphäre haben: gleich rechts des Eingangs ist die Gaststube und links das Chrüterstübli mit seiner weissgelackten Holztäfelung. Eine sehr elegante Ausstrahlung hat auch die Prominentenstube in dunklem Holz. Hier haben viele Staatsräte aus dem nahen Bern ihren namentlich markierten Stammplatz. Dieses Haus war immer schon Gastbetrieb. Heute bietet es neben den Stuben auch einen wunderschönen Garten, der der ganze Stolz der Hausherrin ist. Der Empfang ist überaus liebenswürdig. Auch wenn Sie – wie wir – die Moospinte nicht auf Anhieb finden sollten: der Weg lohnt sich!

SPEIS UND TRANK: Sehr ausgewogene, gehobene Küche aus erstklassigen, frischen Produkten. Es steht für dieses Haus ausser Frage, nur einheimische Produkte zu verwenden und nicht etwa Fleisch aus Südamerika, das erst auf indirektem Wege nach Europa gelangt! Die Karte wechselt alle vier bis sechs Wochen und ist ganz auf die Jahreszeiten ausgerichtet. Weisse Zwiebelsuppe mit Safran und Miesmuscheln CHF 9.50; Bündner Gerstensuppe mit Würstchen CHF 14.50; Endiviensalat mit Speckstreifen, Kernen und Brotcroutons an Kürbiskernöl CHF 9.50; »Käsereifinken« (hausgemachte Teigtaschen mit einer Fleisch-Kräuter-Pilzfüllung) CHF 21; Lamm gebraten auf Gemüse mit Wildbeeren und Griesgnocchi CHF 36; Kutteln an Tomatensauce, mit Käse gratiniert, Salzkartoffeln CHF 19.50; in Tabak und Kräutern hausgeräucherter Lachs, lauwarm auf Salat mit Meerettich CHF 31; Bouillabaisse Marseillaise, Fischsuppe mit Rouille und Knoblauchbrötli CHF 45; Maronimousse mit Beerensorbet, Hagebuttensauce, Zwetschgen und Meringues CHF 13.50; Kastanienpüree mit eingelegten Aprikosen und Tannenschösslingsorbet CHF 13.50; Schokoladentarte (ohne Mehl) mit Aprikosenkompott und Rahm CHF 13.50.

ÖFFNUNGSZEITEN: Dienstags bis Donnerstag: 10.00 – 23.30 Uhr; Freitag und Samstag 10.00 – 0.30 Uhr
WARME KÜCHE: 11.30 – 14.00 Uhr, 18.00 – 22.00 Uhr
PLÄTZE IM RESTAURANT: 60 in 3 Räumen und Biedermeierbankettsaal für bis zu 50 Personen
GARTEN / VERANDAPLÄTZE: 60
LEITUNG DES HAUSES: Ursula und Oskar Marti
RUHETAG: Sonntag und Montag

BETRIEBSFERIEN: 3 Wochen im Februar, letzte September- und erste Oktoberwoche
ANZAHL DER ZIMMER: keine
SPORTMÖGLICHKEITEN: Im Laufe des Jahres 2002 soll hier ein Golfplatz eröffnet werden!

BEMERKENSWERTES: Schauen Sie sich die Kirche des kleinen Ortes an. In den Schlussfenstern des Chores finden Sie wunderschöne Glasgemälde aus dem 14. Jahrhundert.

HOTEL LE VIEUX MANOIR AU LAC
3280 MURTEN-MEYRIEZ
TEL: 026/678 61 61
FAX: 026/678 61 62
e-mail: welcome@vieuxmanoir.ch
homepage: www.vieuxmanoir.ch

ANREISE: Von Norden: Autobahn N1 Bern – Neuchâtel bis Ausfahrt Murten. Den Ortskern von Murten in südlicher Richtung durchqueren. Das Vieux Manoir liegt etwa 1 km südlich vom Zentrum am See. Aus Süden: Landstrasse 1 bis kurz vor Murten, dann Abzweigung scharf links nach Meyriez (ausgeschildert). Das Vieux Manoir liegt rechts der Strasse am See.
NAVIGATION: Breite: 46°55,18/ Länge: 7°06,15
ENTFERNUNG NACH: Zürich 154 km, Bern 30 km, Murten 1 km
KREDITKARTEN: alle gängigen

HISTORISCHES HAUS AUS DEM JAHRE: 1906
BESCHREIBUNG DES HAUSES: Wie ein sehr elegantes englisches Landhaus liegt das Vieux Manoir gleich südlich von Murten direkt am See, umgeben von alten Bäumen und grossen, gepflegten Rasenflächen. Auch im Innern ist der Stil eher angenehm britisch: erlesene Möbel, schöne Stoffe, sanft aufeinander abgestimmte Farben – alles ergibt ein Ensemble von seltener Eleganz, in dem man sich aber trotzdem sehr wohl fühlt. Vielleicht ist die ganz besondere Atmosphäre dieses Hauses durch seine Lage am Lac de Morat zu erklären, der Stille, der es sich ganz zu öffnen scheint. Alles hier ist Entspannung, ruhiges Wohlsein. Luxuriös sind die Zimmer, die

teils einen wunderschönen Blick auf den See freigeben, aber auch das Restaurant, die Terrasse, der Garten; eine Oase mit kleinem Hafen, Schwänen, Fischerbooten, weissen Segeln. Und vor Ihren Augen nichts als der See bis hin zu den Weinhängen des Mont Vully. Richten Sie sich mindestens zum Diner darauf ein, mit Ihrer Kleidung dem Rahmen zu entsprechen!

SPEIS UND TRANK: Das helle und wunderschöne Restaurant mit Terrasse zum Park bietet leichte, erstklassige Küche, die dem Niveau des Hauses entspricht. Terrine de foie gras d'oie aux truffes et Floc de Gascogne (Gänse-Foie-Gras-Terrine mit Trüffeln und Floc de Gascogne) CHF 41; corolle de pousses printanières à l'huile de noix (Frühlingssprossen mit Nussöl) CHF 18; la St-Jacques au lard croustillant et racines de persil (Jakobsmuschel mit knusprigem Speck und Petersilienwurz) CHF 34; caille rôtie aux lentilles du Puy et beurre de foie gras (Wachtel gebraten mit Le-Puy-Linsen und Foie-Gras-Butter) CHF 34; feuillantine d'asperges vertes périgourdine (grüner Spargel im Blätterteig) CHF 34; loup de mer en croûte de parmesan et saveurs balsamiques (Wolfsbarsch im Parmesanmantel mit Balsamico) CHF 53, kleine Portion CHF 43; pavé de saumon poêlé à l'unilatérale au Banyuls et asperges vertes (Lachsschnitte einseitig in der Pfanne gegart mit Banyulswein und grünem Spargel) CHF 52, kleine Portion CHF 43; entrecôte d'agneau rôtie à la crème d'ail et légumes confits (Lamm-Entrecôte gebraten mit Knoblauchcreme und eingelegtem Gemüse) CHF 52, kleine Portion CHF 43; filet goulash au poivre vert (Filetgulasch mit grünem Pfeffer) CHF 54, kleine Portion CHF 45; soufflé glacé au café blanc et kumquats (glaciertes Café-blanc-Soufflé mit

Kumquats) CHF 18; crème brulée Grand-Mère (gebrannte Creme nach Grossmutterart) CHF 18; les crêpes Suzettes (Crêpes Suzette, Minimum zwei Personen) CHF 44; Wunderbares 7-gängiges Menü zu CHF 130.

WARME KÜCHE: 11.30 – 22.00 Uhr
PLÄTZE IM RESTAURANT: 70
GARTEN / VERANDAPLÄTZE: 50
LEITUNG DES HAUSES: Michael Gähler
RUHETAG: keiner
BETRIEBSFERIEN: ab Mitte Dezember bis Mitte Februar
ANZAHL DER ZIMMER: 30
ZIMMERPREISE VON: CHF 300 – 490, Turmzimmer mit Salon CHF 500, Ermässigung ab 3 Übernachtungen
SPORTMÖGLICHKEITEN
– IM/AM HAUS: Wassersport, eigener Bade- und Bootssteg
– IN DER NÄHE: Hallenbad, Tennisplätze, Reiten, Radeln, Golf, Vita-Parcours

BEMERKENSWERTES: Die »Jeudis du Vieux Manoir«, also die »Donnerstage des Vieux Manoir«, bieten alle zwei Wochen Diners-Spectacle mit Musical, Opera Buffa, Jazz und sogar Ballett mit wechselndem Programm von hohem Niveau – und dazu die hervorragende Küche des Hauses: Also informieren Sie sich über den Spielplan bei Ihrem Aufenthalt! Auf Bestellung werden auch ganz private Galadiners auf dem romantischen Bootssteg oder im Park arrangiert. Nach dem Genuss: Schauen Sie sich unbedingt den historischen Ortskern von Murten an. Murten war schon 1013 ein befestigter Platz, an dem König Rudolf III. Hof hielt. Nach Zerstörungen wurde der Ort 1079 wieder aufgebaut. Zwischen 1157 und 1177 entstand dann, neben der kleinen alten Siedlung, auf dem Hügel am südlichen Seeufer die Stadt Murten. Gegründet wurde diese von den Herzögen von Zähringen, die das Reichslehen beanspruchten und durch eine weitere Grenzfeste ihre westlichen Randgebiete sichern wollten. Interessant sind hier vor allem die langen Arkadengänge an der Hauptstrasse, die gut erhaltene Stadtmauer, sowie das Schloss aus dem 13. Jahrhundert, das vom 15. bis 18. Jahrhundert immer wieder umgebaut wurde. In der restaurierten Stadtmühle gibt es ein Historisches Museum.

GASTHAUS ADLER
6244 NEBIKON
TEL: 062/756 21 22
FAX: 062/756 32 80

ANREISE: von Norden: B7 von Zürich, von Süden: B7 von Luzern.
NAVIGATION: Breite: 47°11,32/ Länge: 7°58,32
ENTFERNUNG NACH: Luzern 35 km
KREDITKARTEN: Eurocard, Diners, American Express, Visa.

HISTORISCHES HAUS: um 1790
BESCHREIBUNG DES HAUSES: Dieser grosse Dorfgasthof, verkehrsgünstig zwischen Kirche und Schulhaus gelegen, ist längst zu einem der renommiertesten und besten Feinschmeckerrestaurants dieses Teils der Schweiz geworden. In der 4. Generation in Familienbesitz wird das gepflegte Haus heute mit viel Liebe von Sylvia Hunkeler geleitet. Gleich rechts finden Sie eine kleine, wunderschön getäfelte, historische Stube mit prachtvollen Möbeln. Gegenüber liegt die eigentliche Gaststube, die – trotz der haute cuisine, die in diesem Haus geboten wird – immer noch den Einheimischen offensteht und gern frequentiert wird. Das Restaurant befindet sich im hinteren Teil des tiefen Hauses, in Räumen mit leichtem Biedermeier-Anklang. Hier wird der hervorragenden, saisonalen Küche des Hauses der würdige, elegante Rahmen geboten. Ein angenehmes Haus mit liebenswürdiger Atmosphäre.

SPEIS UND TRANK: Den besten Eindruck von der Kunst des Küchenchefs Christoph Kremser erhalten Sie von den viel-

gängigen Menüs (bis zu sieben Gängen), die überdies preislich sehr interessant sind (zwischen CHF 40 und 150). Fisch und Fleisch werden hier – wie immer schon – am Tisch tranchiert. Trotzdem bietet die Karte beileibe nicht nur Klassisches, sondern vielmehr eine ausgewogene Mischung aus Überliefertem und Neukreiiertem.

WARME KÜCHE: 11.00 – 14.00 Uhr und 18.00 – 22.00 Uhr
PLÄTZE IM RESTAURANT: Säli: 45, Stübli: 30
GARTEN / VERANDAPLÄTZE: ca. 50
LEITUNG DES HAUSES: Sylvia Hunkeler
RUHETAG: Dienstag und Mittwoch
BETRIEBSFERIEN: zwei Wochen während der Fastnacht, drei Wochen im Hochsommer
ÖFFNUNGSZEITEN: 11.00 – 14.00 Uhr, 17.00 – 3.00 Uhr
ANZAHL DER ZIMMER: keine

BEMERKENSWERTES: Nebikon selbst besticht vor allem durch die günstige Lage an der Strasse von Zürich/Basel nach Luzern. Nicht weit ist es zum Sempacher See mit Bade- und Sportmöglichkeiten.

GRAND HOTEL KRONENHOF
VIA MAISTRA
7504 PONTRESINA
TEL: 081/830 30 30
FAX: 081/830 30 31
e-mail: info@kronenhof.com
homepage: www.kronenhof.com

ANREISE: Autobahn N13 Chur-St. Bernardino bis Ausfahrt Thusis, Landstrasse über Tiefencastel, Savognin und den Julierpass bis St. Moritz. Oder: Durch den neuen Vereina-Tunnel direkt und fast ohne Steigungen ins Engadin. Von St. Moritz aus Landstrasse Richtung Pontresina/ Berninapass. Der Kronenhof liegt in Laret, dem untersten Teil von Pontresina, ist gut ausgeschildert und überdies nicht zu übersehen!
NAVIGATION: Breite: 46°29,10/ Länge: 9°54,31
ENTFERNUNG NACH: Zürich 200 km, Basel 300 km, Genf 450 km, Mailand 160 km
KREDITKARTEN: alle gängigen

HISTORISCHES HAUS: Nachweis ab 1850
BESCHREIBUNG DES HAUSES: Im 19. Jahrhundert war der Weg ins Unter- und Oberengadin noch eine beschwerliche Angelegenheit: Wer aus einer grösseren Stadt mit der Eisenbahn anreiste, musste spätestens in Chur, Landeck oder Chiavenna die Waggons des vergleichsweise komfortablen und modernen Transportmittels verlassen und den Rest der Strecke per Kutsche über steile und holprige Pässe hinter sich bringen. Trotzdem hatten sich die Bäder des Engadins schon bis 1860 so entwickelt, dass längst nicht nur einfache Men-

schen aus der näheren Umgebung hier kurten, sondern sich auch die Hautevolee einfand. Während im benachbarten St. Moritz-Bad aber schon ein luxuriöses Kurhaus stand und sich ebensolche Hotels reihten, wurden in Pontresina erst noch alte Bauernhäuser zu einfachen Gasthöfen umgebaut. Auch an der via Maistra, an der heute der prachtvolle Kronenhof steht, ging man so vor: Hier, wo einst vier schlichte Engadinerhäuser standen, wurde vor der Mitte des 19. Jahrhunderts das Gasthaus Rössli eröffnet. Lorenz Gredig, der das Gebäude nach 1848 von seinem Vater geschenkt bekam, fügte dem Haus eine Weinhandlung hinzu. 1851 wurde das zum ersten Mal vergrösserte Anwesen als »Gasthaus zur Krone« neu eröffnet. Und das war erst der Anfang: Bis 1870 wurde ein benachbartes Schulhaus angegliedert und in den 70er Jahren dann der sogenannte Bellavista-Trakt errichtet. Aus der Schlichtheit war längst Prunk geworden, und das Haus bot nun Gesellschaftsräumlichkeiten wie die Salle des Dames, die Salle des Conversations und Billards. Als nach 1890 der Luxus längst zur beliebtesten Lebensform der Reisenden in Pontresina geworden war, wurde die »Krone« mit den vielen Anbauten schliesslich zum heutigen »Kronenhof«: Einer dreiflügeligen Anlage wie ein Barockschloss, deren Fassaden sich elegant um eine Cour d'Honneur reihen. Allein die Talfassade des Kronenhofes wurde bei diesem »Umbau« fast um das Dreifache verlängert. Gekrönte Häupter und Berühmtheiten aus ganz Europa stellten sich nun ein – und blieben dem Haus auch durch alle Unbilden des 20. Jahrhunderts treu. Mit der lebendigen Pracht, dem Überschwang seiner Jugendstilmalereien, den Fluchten grosser und kleiner Salons und den liebevoll ausgestatteten und ständig renovierten Zimmern ist dieser Koloss am Berg heute wie vor hundert Jahren eines der wahren Grand Hotels in den Alpen.

SPEIS UND TRANK: Zu einem Grand Hotel gehört natürlich auch ein »Grand Restaurant«. Im wunderschönen Rahmen des »Kronenhofs« wird niveauvolle Cuisine zwischen internationalen und Bündner Anklängen geboten, aber auch viele Besonderheiten: »Kulinarische Reisen« z.B. bieten in jeder Woche ein anderes »Ziel«, etwa Spanien oder Südafrika. Dienstags lockt ein Bauern- oder Pastabüffet und am Freitag der Höhepunkt: Diner mit sanfter Pianobegleitung. Im »Kronenstübli«, dem A-la-Carte-Restaurant lockt dagegen kreative Küche. Im Sommer wird auch im Gartenpavillon serviert.

WARME KÜCHE: 11.00 – 15.00 Uhr Lunch,
Diner ab 18.00 Uhr
PLÄTZE IM RESTAURANT: Restaurant: 200 in 3 Räumen;
Kronenstübli: 40 – 50
GARTEN / VERANDAPLÄTZE: ca. 50
LEITUNG DES HAUSES: Herr Direktor Stocker
RUHETAG: keiner
BETRIEBSFERIEN: Mitte September bis Mitte Dezember,
Mitte April bis etwa Ende Juni
ÖFFNUNGSZEITEN: Grand Restaurant 19.00 – 21.00 Uhr,
Pavillon 11.30 – 17.00 Uhr, Bar 11.00 – 02.00 Uhr
ANZAHL DER ZIMMER: 84 und 6 Suiten
ZIMMERPREISE VON: EZ: CHF 200 – 330; DZ: CHF 395 – 630; Juniorsuite CHF 695 – 770; Suite CHF 950 – 1120
SPORTMÖGLICHKEITEN
– IM/AM HAUS: Schwimmen in Indoor- und Outdoorpool, Solarium, Massage, Reflexzonenmassage, Dampfbad, Sport-Gym. Schlittschuhlaufen, Eisstockschiessen, Hockeyspielen.
– IN DER NÄHE: Im Winter umgeben Sie die vier Hauptskigebiete des Engadins sowie 250 Kilometer präparierte Langlaufloipen. Im Sommer locken zahllose Wanderungen. Ansonsten können Sie die Inline-Skatingpisten ausprobieren, oder

auf einem der Seen des Engadins auch rudern, segeln oder gar surfen. Und natürlich gibt es hier im Umfeld auch Polo- und Reitsportveranstaltungen.

BEMERKENSWERTES: Das Haus bietet jeweils donnerstags und freitags Wanderungen mit Wanderführerin an. Im Sommer werden Picknicks auf den hauseigenen Almen veranstaltet! Auch anspruchsvolle Bergtouren bis in mehr als 4000 Meter Höhe werden angeboten. Und damit nicht genug: Der »Kronenhof« hat darüberhinaus einen Tennislehrer, einen Kinderhort mit Babysitterin und einen Kunstführer!

HOTEL STEINBOCK
7504 PONTRESINA
TEL: 081/839 36 26
FAX: 081/839 36 27
e-mail: info@steinbock-pontresina.ch
homepage: www.steinbock-pontresina.ch

ANREISE: Autobahn N13 Chur-St.Bernardino bis Ausfahrt Thusis, Landstrasse über Tiefencastel, Savognin und den Julierpass bis St. Moritz. Oder: Durch den neuen Vereina-Tunnel direkt und fast ohne Steigungen ins Engadin. Von St. Moritz aus Landstrasse Richtung Pontresina / Berninapass. Das Hotel liegt gleich neben dem unübersehbaren Hotel Walther kurz vor dem Ortsausgang.
NAVIGATION: Breite: 46°29,10/ Länge: 9°54,31

HISTORISCHES HAUS AUS DEM JAHRE: 1651
BESCHREIBUNG DES HAUSES: Dieses solide Engadiner Haus war lange das letzte Haus in südlicher Richtung – oder das erste, das ein müder Reisender, der von Süden kam, erblickte. Kein Wunder, dass es eines der ersten Gasthäuser von Pontresina war und anfangs »Haus zu den Gletschern« hiess. Hier nächtigte, wer vom Bernina-Pass kam oder hinüber wollte. Erst am nächsten Morgen – und mit neuen Pferden – ging

man den Pass an. Wer von Chur kam, hatte hier schliesslich schon einiges hinter sich: Immerhin brauchte einst die Postkutsche für diese Strecke 14 Stunden! Heute ist das »Steinbock« eine freundliche und so wohnliche wie einfache Alternative zu den grossen Häusern dieses längst so exklusiven einstigen Bergdorfes. Das Innere des Hauses wurde immer wieder renoviert, so dass es sich heute eher modern darbietet. Doch schon die vielen Arvenholztäfelungen sorgen dafür, dass man sich immer noch im gastfreundlichen Engadin weiss. Übrigens: Dies ist das einzige Hotel im Ort, das 365 Tage im Jahr geöffnet hat!

SPEIS UND TRANK: Das Ambiente im hauseigenen »Colani Stübli« ist gepflegt ländlich. Hier gibt es ausgezeichnete Bündner Spezialitäten in sympathischer Atmosphäre. Zum Beispiel: Geräucherte und getrocknete Spezialitäten aus der Region mit hausgemachtem Essiggemüse CHF 25; Engadiner Salsiz CHF 9; Bündnerfleisch CHF 25, 1/2 Portion CHF 15; Bündner Gerstensuppe CHF 7.50; Säumerteller: Urchige Rösti nach altem Bündner Rezept mit zwei Spiegeleiern CHF 15; Capuns nach Försterart: Herzhafte Teigware im Mangoldmantel mit Rahmsauce CHF 16; Bergeller Röstitaler mit Tomaten und Bergkäse überbacken und zwei Spiegeleiern CHF 15; gebratene Forellenfilets mit Meerrettichkruste auf Petersilienschaum CHF 29; vegetarische Gerichte, z.B. Quark-Spinat-Knödel auf Tomatenragout mit Parmesan überbacken CHF 14.

WARME KÜCHE: 12.00 – 14.00 Uhr, 18.00 – 21.00 Uhr
PLÄTZE IM RESTAURANT: Restaurant: 30; Speisesaal: 50
GARTEN / VERANDAPLÄTZE: 20

LEITUNG DES HAUSES: Familie Walther
RUHETAG: keiner
BETRIEBSFERIEN: keine
ANZAHL DER ZIMMER: 30
ZIMMERPREISE: Sommer: DZ: CHF 230 - 345 , EZ: CHF 130 - 175, EZ ohne Dusche: CH 105 -125 (Preise pro Zimmer inkl. Früstücksbuffet und 4-Gänge-Abendessen) Benutzung der Bade- und Gartenanlage (des Hotels Walther)
SPORTMÖGLICHKEITEN
- IM/AM HAUS: Wer hier wohnt, profitiert vom Sport-Angebot des benachbarten Hotels Walther, das bequem durch den gemeinsamen Garten zu erreichen ist: Hallenbad, Whirlpool, Sauna, Dampfbad, Fitnessgeräte, Tennisplätze und Indoor-Golf.
- IN DER NÄHE: Alles, was das Engadin so bietet!

BEMERKENSWERTES: Hinter dem Hotel befindet sich ein kleines Gewächshaus, in dem die Blumen für die Dekorationen im Hotel selbst liebevoll gezogen werden.

HOTEL WALTHER
7504 PONTRESINA
TEL: 081/839 36 36
FAX: 081/839 36 37
e-mail: hotelwalther@bluewin.ch
homepage: www.hotelwalther.ch

ANREISE: Autobahn N13 Chur-St. Bernardino bis Ausfahrt Thusis, Landstrasse über Tiefencastel, Savognin und den Julierpass bis St. Moritz. Oder: Durch den neuen Vereina-Tunnel direkt und fast ohne Steigungen ins Engadin. Von St. Moritz aus Landstrasse Richtung Pontresina/ Berninapass. Das Hotel liegt prächtig und breit kurz vor dem Ortsende links der Strasse. Bahnreisende können den Bustransfer vom Bahnhof Pontresina nutzen.
NAVIGATION: Breite: 46°29,10/ Länge: 9°54,31
KREDITKARTEN: alle gängigen

HISTORISCHES HAUS AUS DEM JAHRE: 1905
BESCHREIBUNG DES HAUSES: Das »Walther« mit seinem weissen, wehrhaft wirkenden »Festungsturm« entstand als Hotel und wurde nach zweijähriger Bauzeit 1907 eröffnet. Damals hiess das helle Haus mit dem wunderbaren Blick auf Wald und Berg noch »Palace Hotel Pontresina«. Ende der 40er Jahre des vorigen Jahrhunderts kauften die Grosseltern der heutigen Walthers das Haus und nannten es in »Walther Palace« um. Seit 35 Jahren heisst es schlicht »Walther«. Seit nunmehr drei Jahren führt die neue Generation das Haus. Im Erdgeschoss öffnen sich elegant möblierte Räume, der Grand Salon nach rechts, der mit seiner Mischung aus Repräsentanz

und Behaglichkeit immer schon ein Mittelpunkt des Hauses war. Prachtvoll und gediegen sind die Speisesäle, die – wie der Grand Salon – einem edel-zurückhaltenden späten Jugendstil verpflichtet sind. Die Zimmer sind geschmackvoll-modern und verfügen über Balkone mit einem unvergleichlichen Blick ins Grün. Wer hier in lauer Nacht mit offenem Fenster schläft, hört als einziges gleichmässiges Geräusch das Rauschen des ins Tal drängenden Wassers.

SPEIS UND TRANK: Neben den herrschaftlichen Speisesälen bietet das Walther auch noch ein kleines, sehr gemütliches Restaurant, die »Stüva Bella« mit eher modernem Rahmen. Die wöchentlich wechselnde Karte könnte Folgendes bieten: Artischockensamtsüppchen mit Basilikum und in Olivenöl gebratenem Champignonkopf CHF 14; Sashimi vom Thon mit Lachstatar an Nussöl und Schnittlauch, Grünerbsenflan mit Mohn, Wasabischaum CHF 30; Kalbsfiletmignons im Pfifferlingmantel mit marktfrischem Gemüse im Körbchen CHF 48; kross gebratenes Dorschfilet mit Gamberetti an Tomaten- und Petersilienöl, Kartoffelteppich CHF 45; gebrannte Lavendel-Creme mit Blütenhonigeis CHF 15; leichte Mandelmakrone mit Pfirsich-Minzsorbet CHF 14.

WARME KÜCHE: 09.00 – 23.00 Uhr,
nachmittags kleine Karte
PLÄTZE IM RESTAURANT: 50 im A-la-Carte,
120 im Speisesaal (bei Halbpension)
GARTEN / VERANDAPLÄTZE: ca. 30
LEITUNG DES HAUSES: Familie Walther
RUHETAG: keiner

BETRIEBSFERIEN: Mitte April – Mitte Juni und Mitte Oktober – Mitte Dezember
ANZAHL DER ZIMMER: 70, 1 Suite
ZIMMERPREISE: Winter: DZ: CHF 380 – 620 , EZ: CHF 235 – 320, Juniorsuite: CHF 580 – 700, Suite: CHF 820 – 950; Sommer: DZ: CH 370 – 530, EZ: CHF 185 – 270, Junior Suite: CHF 550 – 600, Suite: CHF 750 – 800 (Preis pro Zimmer inkl. Frühstücksbuffet und Abendessen; wer nur Zimmer und Frühstück wünscht, zahlt CHF 40 weniger).
SPORTMÖGLICHKEITEN
– IM/AM HAUS: Schönes Hallenbad mit Whirlpool, Sauna und Dampfbad, Massage, Fitnessgeräte, Tennisplätze mit Lehrer, Mountainbikes
– IN DER NÄHE: Das Haus bietet eigene Wanderbegleiter – und natürlich alle Sportmöglichkeiten des Engadins!

BEMERKENSWERTES: Gut versteckt für heimliches Üben verfügt das Walther auch über eine Indoor-Golfanlage – hier perfektionieren Sie Ihren Abschlag, den Sie auf den Plätzen der Region dann vorführen können!

HOTEL BREGAGLIA
7606 PROMONTOGNO
TEL: 081/822 17 77
FAX: 081/822 17 89

ANREISE: Autobahn Chur – St. Bernardino bis Ausfahrt Thusis, Landstrasse über Tiefencastel und Savognin nach Silvaplana, Landstrasse 3 südwärts über den Malojapass bis kurz vor die italienische Grenze, nach Promontogno. Oder: Durch den neuen Vereina-Tunnel ins Engadin, Landstrasse 3 südwärts über den Malojapass nach Promontogno. Vom Süden: vom Lago di Como nordwärts über Chiavenna, bei Castasegna über die Grenze, bis Promontogno.
NAVIGATION: Breite: 46°20,17/ Länge: 9°33,26
ENTFERNUNG NACH: St. Moritz 35 km, Chiavenna (I) 15 km
KREDITKARTEN: keine

HISTORISCHES HAUS: um 1800
BESCHREIBUNG DES HAUSES: An einer engen Stelle des Tales taucht plötzlich neben der Strasse wie ein Felsblock das Hotel Bregaglia auf, ein grosser, inzwischen hübsch renovierter Quader zwischen hohen Bäumen. Ganz plötzlich beschleicht einen die Ahnung, wie es wohl im vorigen Jahrhundert gewesen sein muss, als Reisender durch dieses Hochgebirgstal gekommen zu sein, überglücklich angesichts dieses Anblicks und der Hoffnung auf eine Bleibe für die Nacht. Das Innere des Gebäudes, das immer Hotel war, ist ganz einfach und schlicht, modesto, wie man hier sagen würde. Bemerkenswert sind aber die immensen, hohen Räume, die von

der Familie Previtali mit einfachen Mitteln hergerichtet wurden. So einfach die Zimmer teilweise sein mögen – einige verfügen nur über ein Etagenbad, andere haben eine eigene Dusche – so günstig sind allerdings auch die Preise.

SPEIS UND TRANK: Im Haus befindet sich auch eine italienische Trattoria mit bodenständiger italienischer Küche zu günstigen Preisen.

WARME KÜCHE: 11.30 – 14.00 Uhr, 18.00 – 21.00 Uhr
PLÄTZE IM RESTAURANT: ca. 50
GARTEN / VERANDAPLÄTZE: ca. 40
LEITUNG DES HAUSES: Nando Previtali
RUHETAG: keiner
BETRIEBSFERIEN: ca. 20.10. bis Ende Mai
ANZAHL DER ZIMMER: 34
ZIMMERPREISE: CHF 40 (ohne Wasser) – CHF 60 (mit Dusche) pro Person
SPORTMÖGLICHKEITEN IN DER NÄHE: Wanderungen, Spaziergänge, Wintersport. Im Sommer Segeln, Surfen oder Fischen im Silser-oder Silvaplanersee.

BEMERKENSWERTES: Erforschen Sie die Umgebung dieses Ortes. Bis hierher ist der grosse, moderne Tourismus noch nicht vorgedrungen. Sie finden Almen, Wald und romantische Stellen am Flussufer.

RATHAUSWIRTSCHAFT
HAUPTPLATZ 1
8640 RAPPERSWIL
TEL: 055/210 11 14
FAX: 055/210 11 24

ANREISE: Von Norden und Westen: Autobahn Zürich – Jona bis Ausfahrt Rapperswil. Von Süden und Osten: Autobahn N3 Chur – Zürich bis Ausfahrt Pfäffikon. Über Hurden bis Rapperswil. Von Zürich: Landstrasse 17 über Küsnacht und Meilen bis Rapperswil.
NAVIGATION: Breite: 47°13,37/ Länge: 8°48,58
ENTFERNUNG NACH: Zürich 32 km
KREDITKARTEN: alle gängigen

HISTORISCHES HAUS AUS DEM JAHRE: 1567
BESCHREIBUNG DES HAUSES: Mitten in der romantischen Altstadt von Rapperswil steht das Rathaus der Stadt, in dessen erstem Stock die wunderschöne »Rathauswirtschaft« liegt. Die zwei schönen Räume sind mit aufwendigen Holzschnitzereien im Stil der Gotik ausgestattet. Schon durch das Holz, die vielen kleinen Fenster und die niedrigen Decken, sind die Räume ganz besonders gemütlich. Sie sitzen an schön gedeckten Tischen und können die angenehme Atmosphäre des Hauses wirklich geniessen: Durch das Bleiglas der Fenster fällt der Blick auf den hübschen Platz vor dem Gebäude. Service und Empfang sind sehr persönlich und freundlich und die Küche bietet gute Gerichte und Spezialitäten der Region zu günstigen Preisen. Gleich nebenan liegen die Ämter der Stadt, und sollten Sie ein Fest zu feiern haben, dann lassen Sie sich

im 2. Stock den prunkvollen historischen Bankettsaal zeigen, in dem ein aufwendig gearbeiteter Gusseisenofen steht. 1998 wurde das ganze Ensemble sorgfältig renoviert.

SPEIS UND TRANK: Die Familie Braschler aus Hurden, die seit Generationen im Zürichsee und Obersee fischt, beliefert das »Rathaus« täglich mit frischem Fisch – das Angebot des Hauses hängt also vom Fang ab! Fischteller »Rathaus«: gebackene Hechttranche, Egli- und Felchenfilets, Gemüse und Kartoffeln CHF 29.80; Eglifilets in Butter gebraten CHF 31; Felchenfilets in Butter gebraten mit Champignons und Kapern CHF 25.50; Nüsslisalat mit geräucherter französischer Entenbrust mit CHF 15.50; Geschnetzelte Kalbsleber mit feinen Nüdeli CHF 30; frische Feige in Rotwein pochiert mit Honigglace und Schlagrahm CHF11.50; Caramel-Köpfli CHF 7.50

WARME KÜCHE: 11.00 – 23.00 Uhr
PLÄTZE IM RESTAURANT: Restaurant 70, Ratsstube 50, hist. Ratssaal 110
PLÄTZE GARTENTERRASSE: 50
LEITUNG DES HAUSES: Franz und Marika Oldani-Claluena
RUHETAG: keiner
BETRIEBSFERIEN: keine
ÖFFNUNGSZEITEN: 8.15 – 0.30 Uhr
ANZAHL DER ZIMMER: keine
SPORTMÖGLICHKEITEN IN DER NÄHE: Rapperswil liegt direkt am Zürichsee und bietet alle Wassersportmöglichkeiten.

BEMERKENSWERTES: Diese kleine Stadt bietet nicht nur einen mittelalterlichen Kern mit hübschen Strassen und engen Gassen, sondern ausserdem noch ein Schloss, ein Kapuzinerkloster, einen Duftrosen-Garten und einen faszinierenden Blick über den See. Nach dem guten, reichhaltigen Essen sollten Sie sich zu einem ausgedehnten Spaziergang aufmachen. Wer will, kann sich bei seinem Stadtrundgang auch führen lassen. Im Schloss Rapperswil finden zudem Konzerte statt.

HOTEL BELVEDERE
VIA DAL BAGN 42
7500 ST. MORITZ
TEL: 082/833 39 05
FAX: 082/833 94 92

ANREISE: Autobahn N13 Chur – St. Bernardino bis Ausfahrt Thusis, Landstrasse über Tiefencastel, Savognin und den Julierpass bis St. Moritz. Das Belvedere ist in dem den Berg hinaufsteigenden Ortsteil weit sichtbar.
NAVIGATION: Breite: 46°29,28/ Länge: 9°50,06
ENTFERNUNG NACH: Zürich 203 km, St. Gallen 187 km, Chur 85 km
KREDITKARTEN: alle gängigen

HISTORISCHES HAUS AUS DEM JAHRE: 1866
BESCHREIBUNG DES HAUSES: Als 1866 ein Teil dieses Gebäudes fertig wurde, war es eines der ersten Häuser in St. Moritz und bald so erfolgreich, dass das Hotel 1871 umgebaut und deutlich erweitert werden musste. Traumhaft ist seine Lage – und der Name mit der schönen Aussicht trifft noch immer zu: Auf halber Höhe der Bergflanke gelegen, ist die Sicht hinunter zum Talboden mit dem See und den Wäldern völlig unverbaut geblieben. Die holzgetäfelten Salons mit Sekretären, Flügel, Perserteppichen sowie eleganten Parkettböden sind ganz hell und lichtdurchflutet und geben den Blick frei auf das Tal. Achten Sie unbedingt darauf, ein Zimmer mit Aussicht zu bekommen! Alle Zimmer bieten modernen Komfort. Schön ist auch die windgeschützte Sonnenterrasse mit Liegestühlen. Das Hotel hat ausserdem ein sehr schö-

nes, beheiztes Hallenbad, Fitnessraum, Spielzimmer mit Tischtennis, Tischfussball u.ä.

SPEIS UND TRANK: Im Haus befindet sich ein Restaurant mit gehobener Küche, das nur in der Wintersaison geöffnet hat und ein täglich wechselndes Menü bietet. Ganzjährig geöffnet sind dagegen Bar und Coffee-Shop. Hübsch ist auch der historische Landgasthof »Meierei« am Ufer des Sees (Sie sehen das weisse Gebäude zwischen den Nadelbäumen blitzen, wenn Sie vom Belvedere aus auf den See hinunterschauen). Die »Meierei« ist ebenfalls in Familienbesitz.

WARME KÜCHE: 19.00 – 22.00 Uhr
PLÄTZE IM RESTAURANT: 35, im Speisesaal 80
GARTEN / VERANDAPLÄTZE: 20
LEITUNG DES HAUSES: Enrico Degiacomi
BETRIEBSFERIEN: April bis Ende Mai und Oktober bis Mitte Dezember
ANZAHL DER ZIMMER: 65
ZIMMERPREISE: Sommer: EZ: CHF 100-170, DZ: CHF 200-340; Winter: EZ: CHF 140-180; DZ: CHF 230-420
SPORTMÖGLICHKEITEN
– IM/AM HAUS: Schwimmen, Saunen, Fitness, Billard
– IN DER NÄHE: Skifahren, Curling, Bobrennen, Eislauf, Hockey, Eisstockschiessen, Wandern. Im Sommer: Tennis, 18-holes-Golfplatz, Segeln, Fischen, Tontaubenschiessen, Wandern.

BEMERKENSWERTES: Auf dem gefrorenen See wird Winter-Polo gespielt!

PARKHOTEL KURHAUS
VIA MEZDI 27
7500 ST. MORITZ
TEL: 081/832 21 11
FAX: 081/833 88 61

ANREISE: Autobahn N13 Chur- S. Bernardino bis Ausfahrt Thusis, über Tiefencastel, Savognin und den Julierpass bis St. Moritz. Parkhotel gleich am Ortsanfang rechts der Strasse.
NAVIGATION: Breite: 46°29,17/ Länge: 9°50,13
ENTFERNUNG NACH: Zürich 203 km. St. Gallen 187 km. Chur 85
KREDITKARTEN: alle gängigen

HISTORISCHES HAUS AUS DEM JAHRE: 1905
BESCHREIBUNG DES HAUSES: Schon im Jahre 1832 wurde mit einer geregelten Ausnutzung der Heilquellen von St. Moritz begonnen und ein erstes »Etablissement des Bains« eröffnet, das damals nur über 6 Badestuben und eine Trinkhalle verfügte. Bald war der Erfolg so gross, dass die Etablissements dauernd umgebaut und vergrössert wurden und schon 1866 ein zum Heilbad gehörendes Hotel erbaut wurde, das 129 Gästezimmer hatte, in dem es aber auch 42 Bäder, Damen-, Musik-, Lese- und Kaffeesäle gab. Längst war zu dieser Zeit das Tafelwasser aus St. Moritz international berühmt: 1865 wurden 59000 Flaschen abgefüllt! Als 1905 das Hotel wieder einmal vergrössert wurde und seine heutige Form erhielt, trafen gekrönte Häupter ein, Gäste aus Berlin, Odessa, Prag, Boston, Rom oder Krakau – oder, wie der Sheriff Bey von Kairo oder der Maharadja Rana of Dolphur aus noch

exotischeren Gefilden. Das hauseigene Telegrafenamt verschickte jährlich 2000 Telegramme. Bis zum 1. Weltkrieg hielt diese Euphorie an, die Epoche wurde immer mehr zur Belle Epoque. Noch heute ist das Parkhotel das einzige Haus am Platze mit direktem Zugang zu den längst ultramodernen, und doch atmosphärisch sehr gelungenen Bäderanlagen des Ortes. Sie können von ihrem Zimmer aus im Bademantel durch Gänge und gläserne Passagen direkt zu den Kuranlagen hinüberschlendern. 1982 wurde das Hotel von der Gemeinde angekauft, die sich vornahm, daraus eine perfekte Ergänzung zum Kurhaus zu machen. Ein Jahr später begann der heutige Direktor seinen Dienst, unter dessen Leitung 52 der Hotelzimmer, sowie Konferenz-, TV-, Ski-, Wachsräume und Kindergarten auf den Stand modernster Ausstattung gebracht wurden.

SPEIS UND TRANK: Zum Haus gehört ein angenehmes Restaurant, das natürlich ausgewogene, leichte Küche bietet, aber auch alle Möglichkeiten zum Diäten bietet. Karte und Menüs – die täglich wechseln – richten sich ganz nach den Jahreszeiten. Hier stimmt das Preis-/Leistungsverhältnis. Besonders empfehlenswert sind die Bündner Spezialitäten.

WARME KÜCHE: 11.30 – 21.00 Uhr
PLÄTZE IM RESTAURANT: 280 (Speisesaal)
VERANSTALTUNGSRÄUME: verschiedene Möglichkeiten
LEITUNG DES HAUSES: Sarah und Kurt Balmer
RUHETAG: keiner
BETRIEBSFERIEN: Mitte April bis Mitte Juni,
Mitte September bis Mitte Dezember

ANZAHL DER ZIMMER: 150
ZIMMERPREISE: CHF 130 - 285
SPORTMÖGLICHKEITEN:
- IM/AM HAUS: Zahlreiche Sportanimationen, 2 Tennisplätze. Gleich neben dem Haus: Tennis-, Squash-Halle, Hallenbad, Sauna, Langlaufloipe. Eigener Eisplatz.
- IN DER NÄHE: Alpine Pisten/ Langlauf, Tennis, Golf.

BEMERKENSWERTES: Einige Winkel dieses grossen Gebäudes zeigen noch unangetastete gemalte Tapeten aus der Mitte des 19. Jahrhunderts (etwa im Billardzimmer). Interessant und amüsant ist das hauseigene kleine »Museum« in einem nicht mehr genutzten Salon, das die Reste von 130 Jahren Luxushotellerie zusammenfasst und vom Waschbecken über Gästebücher bis hin zu Vergessenem alles zeigt, was sich im Lauf der Jahre angesammelt hat. Auch Opern- und Liederabende finden hier einen passenden Rahmen. In der Bar werden Jazz-Abende veranstaltet, und im prachtvollen Speisesaal Belcanto-Abende, aber auch Tanzkurse und Modeschauen.

HOTEL SOLDANELLA
VIA SOMPLAZ 17
7500 ST. MORITZ
TEL: 081/833 36 51
FAX: 081/333 23 37

ANREISE: Autobahn Chur – S. Bernardino bis Ausfahrt Thusis, Landstrasse über Tiefencastel und Julierpass bis St. Moritz. »Soldanella« liegt relativ hoch im Ort und ist schon von weitem sichtbar.
NAVIGATION: Breite: 46°29,49/ Länge: 9°50,13
ENTFERNUNG NACH: Zürich 203, Chur 85
KREDITKARTEN: alle gängigen

HISTORISCHES HAUS: 1902-1905
BESCHREIBUNG DES HAUSES: Noch ein Stückchen höher am Hang als das »Belvedere« liegt das Hotel Soldanella, das 1905 eröffnet wurde. Zwischen den grossen Hotelpalästen war dieses Haus, das von seinen Ausmassen eher bescheiden ist (nur 35 Zimmer) immer schon Hotel. Mit der Hauptfassade, zum Tal hin orientiert, wirkt es beeindruckend, und vom Talboden aus an den Hang gebaut, fast wie ein historisches Hochhaus. Von den Fenstern des grossen, weissen Jugendstilspeisesaals hat man einen schönen Ausblick über ganz St. Moritz, den See, die Wälder und die gegenüberliegenden Hänge. Im »Soldanella« ist die Atmosphäre der Jahrhundertwende auf angenehme, unkomplizierte Weise erhalten geblieben, denn dies ist kein Luxushotel, sondern ein Haus der Mittelklasse mit eher gehobenem Service. Wer die Tür zur Empfangshalle öffnet, wird spüren, wie wichtig dem jungen

Hausherrn das persönliche Ambiente seines Hotels ist. Der Empfang ist sehr aufmerksam, die Stimmung liebenswürdig familiär und die Preise sind – vor allem für St. Moritz und für ein Haus wie dieses – sehr günstig. Dabei bieten alle Zimmer modernen Komfort und sind mit Bad oder Dusche/WC, Selbstwahltelefon, Satellitenfernsehen und Mini-Bar ausgestattet!

SPEIS UND TRANK: Der schöne, lichtdurchflutete Speisesaal ist ausschliesslich für Hausgäste da; über ein Restaurant, das auch für Passanten geöffnet ist, verfügt das Haus leider nicht. Doch daran mangelt es in St. Moritz wirklich nicht!

LEITUNG DES HAUSES: Familie Degiacomi
RUHETAG: keiner
BETRIEBSFERIEN: April bis Ende Mai,
Mitte Oktober bis Ende November
ANZAHL DER ZIMMER: 35
ZIMMERPREISE: EZ CHF 125 (Sommer) bis 135 (Hochsaison, Winter), DZ CHF 235 (Sommer) bis 290 (Hochsaison, Winter). Halbpension zusätzlich CHF 32.
SPORTMÖGLICHKEITEN IN DER NÄHE: alle Wintersportarten, aber auch Schwimmen, Wandern, Tennis, Squash, Surfen, Segeln, Sommerskifahren, Reiten, Golf, Kanu- und Wildwasserfahren, Radfahren, Curling, Minigolf u.a.

BEMERKENSWERTES: In St. Moritz Dorf gibt es ein Engadiner-Museum, in dem prachtvolle Bündner Stuben aus dem 16. und 18. Jahrhundert zu sehen sind. Ein zweites Museum ist dem Maler Giovanni Segantini gewidmet, dessen berühmtes Alpentriptychon sich dort befindet.

DOMAINE DE CHÂTEAUVIEUX
PENEY-DESSUS
1242 SATIGNY
TEL: 022/753 15 11
FAX: 022/753 19 24
e-mail: chateauvieux@bluewin.ch
homepage: www.romantikhotels.com

ANREISE: Vorbei am Flughafen Genf-Cointrin, dann die Ausfallstrasse in Richtung St. Genis. In Meyrin links in Richtung Satigny. Peney-Dessus liegt südlich von Satigny, oberhalb des Rhône-Ufers – und oberhalb des Dorfes Peney-Dessous.
NAVIGATION: Breite: 46°12,04/ Länge: 6°02,06
ENTFERNUNG NACH: Genf 10 km
KREDITKARTEN: American Express, Eurocard, Visa

HISTORISCHES HAUS: Nachweis ab 1234
BESCHREIBUNG DES HAUSES: Vom prunkvollen Schloss, das einst auf dieser schönen Hügelkuppe über der Rhône stand, ist nichts geblieben als die eher ländlich wirkenden Nebengebäude, in denen heute die Domaine de Châteauvieux untergebracht ist. Im Jahr 1234 liess es der Fürst-Bischof Aymon de Grandson erbauen, und noch 300 Jahre später, als in Genf schon die Calvinisten gesiegt hatten, waren die Peneysans, die Bewohner von Peney, noch immer standhafte Katholiken. Erst 1536 mussten sie sich ergeben – und die aufgebrachten Genfer fackelten das Schloss ab, dessen Reste kurz darauf sogar noch abgetragen wurden. Von dieser dunklen Vergangenheit ist heute nichts mehr zu spüren: Die Atmosphäre der »Domaine« ist freundlich-ländlich, unprätentiös und doch

gepflegt. In den historischen Nebengebäuden des spurlos verschwundenen Schlosses hat Familie Chevrier ein angenehmes Landhotel eingerichtet, dessen geschmackvoll eingerichtete Zimmer zum Grossteil einen wunderschönen Ausblick bieten.

SPEIS UND TRANK: Zwischen den alten Feldsteinmauern ihres Anwesens haben Bettina und Philippe Chevrier ein stilvolles Restaurant geschaffen, in dem sich die international renommierte Küche des Hausherren zelebrieren lässt. Die ständig wechselnde Karte des Meisterkoches könnte Gerichte wie diese bieten: Petit pâté chaud de queue de boeuf braisée et salade de coeurs d'artichauts aux racines de persil (warme Pastete vom geschmorten Ochsenschwanz und Artischockenherzen-Salat mit Petersilienwurz) CHF 56; escalope de foie gras de canard poêlée aux zestes de citron vert et à la fleur de sel (Schnitte von Enten-Foie-Gras in der Pfanne gegart mit Zitronenschnitzern und Salz) CHF 60; tranche de gros turbot sauvage grillée sur l'os aux palourdes gratinées et à l'émulsion de thym frais (Filet vom Wild-Steinbutt gegrillt mit gratinierten Venusmuscheln und Emulsion vom frischen Thymian) CHF 88; jarret de veau de lait rôti à la broche aux pommes de terre douces et à l'orange sanguine (Milchkalbs-Haxe am Spiess gebraten mit Süsskartoffeln und Blutorange) CHF 78;

pigeonneau de Tourraine poché en vessie, le pot-a-feu de légumes a la vinaigrette aus herbettes (Tourraine-Taube in der Blase gegart mit Gemüseeintopf und Kräutervinaigrette) CHF 78; les fromages frais (Käseauswahl) CHF 8 bis 28; trois crèmes brulées à la vanille bourbon, aux pistaches de Sicile et au café (dreimal gebrannte Creme – mit Bourbonvanille, Sizilianischen Pistazien und Kaffee) CHF 30; soufflé chaud gratiné à l'ananas, la glace à la banane et coulis de fruits de la passion (heisses, gratiniertes Ananas-Soufflée mit Bananeneis und Passionsfrucht-Sauce) CHF 30; croustillant de chocolat amer et crème parfumée à l'orange, le sorbet à la clémentine (knuspriger Bitterschokoladen-Blätterteig mit Orangencreme und Klementinen-Sorbet) CHF 30. Je nach Marktangebot bietet die Karte Fasan, Wachtel, Perlhuhn und ähnliche Wildspezialitäten. Interessant sind auch die Menüs des Hauses, das »Menu Gourmet« mit sechs Gängen zu CHF 165; und das ganz besondere »Menu Le Fin Bec« mit sieben Gängen zu CHF 195. Die »Surprise« bietet: drei Entrées, eine Hauptspeise, Käse und zwei Desserts ... Der Ruf des grossartigen Hausherrn macht Platzreservierungen übrigens unumgänglich!

WARME KÜCHE: 12.00 – 14.00 Uhr, 19.00 bis 22.00 Uhr
PLÄTZE IM RESTAURANT: 60
VERANSTALTUNGSRÄUME: 2 Räume für Seminare und Tagungen
GARTEN / VERANDAPLÄTZE: 60
LEITUNG DES HAUSES: Bettina und Philippe Chevrier
RUHETAG: (im Restaurant) Sonntag und Montag
BETRIEBSFERIEN: eine Woche im April, die beiden ersten Wochen im August, sowie zwei Wochen über Weihnachten und Neujahr
ANZAHL DER ZIMMER: 17
ZIMMERPREISE: CHF 175 – 385

SPORTMÖGLICHKEITEN IM/AM HAUS: Spaziergänge durch die schöne Umgebung

BEMERKENSWERTES: Gleich am Hotel – und bis Satigny – liegen Weinberge. Satigny selbst ist übrigens die grösste Winzergemeinde der Schweiz. Ausserdem gleich neben dem Hotel: die hübsche, ländliche Kapelle aus dem 18. Jahrhundert.

HOTEL PARK VILLA
PARKSTRASSE 18
8200 SCHAFFHAUSEN
TEL: 052/625 27 37
FAX: 052/624 12 53

ANREISE: In den Ort fahren, Richtung Bahnhof, am Bahnhof vorbei in die Steigstrasse. Das Hotel Park Villa ist überall in Schaffhausen gut ausgeschildert.
NAVIGATION: Breite: 47°41,42/ Länge: 8°37,52
ENTFERNUNG NACH: Zürich 51 km, St. Gallen 80 km, Basel 161 km
KREDITKARTEN: alle gängigen

HISTORISCHES HAUS AUS DEM JAHRE: 1900
BESCHREIBUNG DES HAUSES: Wenn auf dem Fahnenmast neben dem Haus nicht die Schweizer Flagge aufgezogen wäre, könnte man sich, angesichts der Park-Villa, tatsächlich in England oder Schottland wähnen. Diese stattliche, von Park umgebene Villa, wurde als Ruhesitz einer reichen Familie erbaut. Das wunderschöne Schaffhausen in allernächster Nähe – und ist doch so weit entfernt, dass Ruhe herrscht. In allen Räumen ist die Vergangenheit angenehm spürbar, es warten romantische Ecken (wie etwa der kleine Wintergarten, der als Bibliothek genutzt wird), und die Zimmer sind liebevoll mit historischen Möbeln eingerichtet. Wer wollte nicht immer schon unter einem Baldachin nächtigen, morgens in den Erker treten und in den Park hinaussehen, hinter dem eine unglaublich schöne Stadt auf Entdeckung wartet?

SPEIS UND TRANK: Die Küche des Hotels soll vor allem den Aufenthalt der Hausgäste verschönen. Serviert wird im stilvollen Louis-XVI-Salon. Die ausgewogene Karte könnte Folgendes bieten: Hausmachernudeln an frischer Tomatensauce mit Gemüsewürfeli und Parmesankäse CHF 15; Linseneintopf mit Pilzen, Gemüse und gekochtem Ei CHF 18; Norwegisches Königsessen mit Rauchlachs, Rührei und Blattspinat CHF 49; Rahmschnitzel mit Pilzen CHF 35; Bachsaiblingsfilets an einer Kräutersauce CHF 35; iranischer Kaviar, serviert mit gehacktem Ei, Doppelrahm, Toast und Butter CHF 95; Burgunder Schnecken mit Kräutersauce CHF 18; Vanille Glacé mit eingelegtem Ginger (Ingwer) und altem Malt Whisky CHF 15; Eiercognac Glacé mit Orangenscheiben garniert CHF 12,50; hausgemachtes Schokoladenmousse CHF 12.50. Etwas Besonderes ist auch die Weinsammlung des Hauses, zu der eine Rothschild-Serie gehört, in der die Jahrgänge 1949 bis 1992 (mit kleinen Unterbrechungen) fast alle vertreten sind!

PLÄTZE IM RESTAURANT: 40
GARTEN / VERANDAPLÄTZE: ca. 30
LEITUNG DES HAUSES: Max Schlumpf
RUHETAG: keiner
BETRIEBSFERIEN: keine
ANZAHL DER ZIMMER: 26
ZIMMERPREISE: DZ: CHF 130 - 229; EZ: CHF 78 - 159; Suite: CHF 229 - 308
SPORTMÖGLICHKEITEN
- AM HAUS: Zum Haus gehört ein Tennisplatz im Park, gleich hinter dem Haus. Da er über ein bewegliches Faltdach verfügt, können Sie hier bei jeder Witterung spielen.

- IN DER NÄHE: Die Möglichkeiten einer mittleren Stadt – mit Schwimmbädern etc.

BEMERKENSWERTES: Schaffhausen ist eine wunderbare Stadt in schönster Landschaft (z.B. die Rheinfälle). Ihr Flair entwickelt diese Region vor allem in der Nebensaison: Im Sommer ist es manchmal recht überlaufen.

RHEINHOTEL FISCHERZUNFT
RHEINQUAI 8
8200 SCHAFFHAUSEN
TEL: 052/632 05 05
FAX: 052/632 05 13
e-mail: info@fischerzunft.ch

ANREISE: Von Norden: Autobahn Rottweil – Singen (D) bis zur Grenze bei Thayngen, weiter bis Schaffhausen. Von Westen und Süden: Autobahn N1 Baden – Zürich – Winterthur, N4 über Trüllikon bis Schaffhausen. Von Osten: Autobahn N1 St. Gallen – Winterthur, N4 nordwärts bis Schaffhausen.
NAVIGATION: Breite: 47°41,36/ Länge: 8°38,02
ENTFERNUNG NACH: St. Gallen 80 km, Zürich 51 km
KREDITKARTEN: alle gängigen

HISTORISCHES HAUS: aus dem 17. Jahrhundert
BESCHREIBUNG DES HAUSES: Direkt am Rheinufer liegt dieses kleine Haus mit übergrossem Dach. Über Jahrhunderte war es der Sitz der Fischerzunft. Im Erdgeschoss kann man noch die Tafeln sehen, die – wie Stammbäume – die Mitglieder dieser Zunft verzeichnen. Schon seit etwa 60 Jahren birgt das kleine Gebäude ein intimes Hotel mit nur 10 Betten und ein ausgezeichnetes, international berühmtes Feinschmecker-Restaurant. Vor einigen Jahren, bei der Übernahme durch die Familie Jaeger, wurde das ganze Haus gründlich und luxuriös renoviert. Besonders schön – und natürlich auch etwas teurer – sind die Zimmer mit Blick zum Fluss.

SPEIS UND TRANK: Berühmt ist die Küche des Hausherrn;

die Dame des Hauses ist chinesischer Herkunft. Sie finden auf der sehr niveauvollen Karte deutliche kantonesische Einflüsse, z.B. Bento Box mit vier chinesischen Köstlichkeiten CHF 56; Langustencrèmesuppe in der Muschel serviert CHF 27; amerikanisches Rindfilet mit Bohnen und Gewürzsauce, Risotto mit Parmigiano und black beans CHF 75; bretonischer Steinbutt in Salzkruste auf zwei Arten serviert CHF 76; Kalbsbäggli mit asiatischen Aromen geschmort CHF 65; thailändische Mango mit Himbeeren und Quintessenz Sesamkrokanteis und Vanille-Earl Grey Glace CHF 30. Es werden u.a. interessante Menüs angeboten wie »Menu Tradition et Qualité« CHF 168, mit Wein 260.

ÖFFNUNGSZEITEN RESTAURANT: 7.00 – 0.00 Uhr
WARME KÜCHE: 12.00 – 14.00 Uhr, 19.00 – 21.30 Uhr
PLÄTZE IM RESTAURANT: 70
GARTEN / VERANDAPLÄTZE: 40
LEITUNG DES HAUSES: André Jaeger
RUHETAG: Dienstag; von Januar bis März auch Montags
BETRIEBSFERIEN: keine
ANZAHL DER ZIMMER: 10
ZIMMERPREISE: EZ: CHF 190 – 300; DZ: CHF 205 – 415
SPORTMÖGLICHKEITEN IN DER NÄHE: Tennis, Squash, Schwimmen in der Stadt

BEMERKENSWERTES: Die Stadt hat nicht nur eine historische Seite; sie bietet auch ein bemerkenswertes Angebot an moderner Kunst. Besuchen Sie die Hallen für Neue Kunst oder das Museum für Kunst der Gegenwart. Schön ist auch eine Fahrt auf dem Rhein. Der Schiffsanleger ist gleich vor der Tür.

WIRTSCHAFT ZUM FRIEDEN
HERRENACKER 14
8200 SCHAFFHAUSEN
TEL: 052/625 47 15

NAVIGATION: Breite: 47°41,46/ Länge: 8°37,59
ENTFERNUNG NACH: St. Gallen 80 km, Zürich 51 km
KREDITKARTEN: alle gängigen

HISTORISCHES HAUS: vor 1445
BESCHREIBUNG DES HAUSES: Dieses wunderschöne Haus mitten in der Altstadt, scheint von seinen Nachbarn fast erdrückt zu werden. Niemand vermutet hinter der schmalen, nicht sehr hohen Fassade, wie tief und weitläufig das sich dahinter versteckende Gebäude ist. Niemand würde annehmen, dass sich hinter dem Gebäude ein wunderschöner, vom Grün überwucherter Gastgarten mit Tischen in Lauben und Nischen findet! Seit über 300 Jahren ist hier ein Gasthaus, zu dem über die Jahrhunderte hinweg – wie so oft im Alpenraum – immer auch eine Metzgerei gehörte. Es ist völlig unwichtig, ob Sie in einer der zahlreichen sehr schönen und liebevoll erhaltenen Stuben, wie etwa der Biedermeierstube – oder im Garten sitzen: die freundliche, liebenswürdige Atmosphäre wird sich Ihnen gleich vermitteln. Alles trägt dazu bei, dass sich der Gast überaus wohl fühlt: Das gute, reichhaltige Essen, die Räume wie aus einer anderen Zeit mit ihren polierten, historischen Möbeln und den warmen Holztäfelungen, nicht zuletzt die sympathische Art der Kellnerinnen und der freundliche Empfang. Hier scheint der Verlauf der Jahrhunderte eine Aneinanderreihung schöner, genussvoller Momente zu sein.

SPEIS UND TRANK: Der Hausherr bietet gute, ausgewogene und recht bodenständige Küche zu günstigen Preisen. Die Karte richtet sich nach den Jahreszeiten, die Speisenauswahl nach dem aktuellen Marktangebot. Rauchlachsrose mit Meerrettichschaum und Frischkäse CHF 22.50; Kalbsleber mit Rösti CHF 36.50; Dörrzwetschgen an Rotweinsauce mit Zimtparfait CHF 14.50.

WARME KÜCHE: 11.00 - 14.00 Uhr, 18.00 - 23.30 Uhr
PLÄTZE IM RESTAURANT: 70 in verschiedenen Räumen
GARTEN / VERANDAPLÄTZE: 50
LEITUNG DES HAUSES: Thomas Deventer
RUHETAG: Sonntag
BETRIEBSFERIEN: bitte nachfragen
ÖFFNUNGSZEITEN: 11.00 - 14.00 und 17.30 - 23.00 Uhr
ANZAHL DER ZIMMER: keine

BEMERKENSWERTES: Hier sind Sie mitten in der historischen Altstadt von Schaffhausen mit ihren Gassen und schönen Plätzen. Interessant ist die spätgotische Kirche St. Johann, die romanische Münsterkirche mit Kreuzgang und Museum Allerheiligen, das Rathaus aus dem 15. Jahrhundert, aber auch die verschiedenen Stadttürme. Das Wahrzeichen des Ortes ist die Festung aus dem 16. Jahrhundert.

HOTEL WALDHAUS
7514 SILS/SEGL-MARIA
TEL: 082/8385100
FAX: 082/8385198
homepage: www.waldhaus-sils.ch

ANREISE: Autobahn N13 Chur – S. Bernardino bis Ausfahrt Thusis. Landstrasse über Tiefencastel und den Julierpass bis Silvaplana. N3 südwärts bis Sils-Maria. Oder durch den Vereina-Tunnel ins hochgelegene Tal. Das Waldhaus liegt wie eine Festung weit sichtbar hoch über dem Ort.
NAVIGATION: Breite: 46°25,44/ Länge: 9°45,50
ENTFERNUNG NACH: St. Moritz 9 km
KREDITKARTEN: alle gängigen

HISTORISCHES HAUS AUS DEM JAHRE: 1908
BESCHREIBUNG DES HAUSES: Als 1908 das Hotel Waldhaus seine Pforten für eine internationale Klientel öffnete, stagnierte der elegante Tourismus im Engadin zum ersten Mal. Die Gästezahlen stiegen nicht weiter, und doch wurden – auch im benachbarten St. Moritz – immer mehr prachtvolle Hotelpaläste hochgezogen, die alle um die Gunst der »happy few« zu buhlen hatten. Trotzdem gelang es dem Waldhaus von der ersten Saison an, sich mit 620 Gästen gegen die Konkurrenz durchzusetzen. Damals reiste man nicht einfach für einige Tage hierher, dafür war schon die Anreise viel zu beschwerlich und zu lang. Man kam für Wochen, manchmal Monate, brachte Freunde und Verwandte mit, aber auch Gouvernanten, Dienerschaft und Privatlehrer für die Kinder. Bis

zum 1. Weltkrieg und in den Jahren zwischen den Kriegen kamen nicht nur Adel und Geldadel, sondern auch Politiker wie etwa Neville Chamberlain, Denker wie Einstein und Adorno, und Grössen der Kultur, wie etwa Thomas Mann, Hermann Hesse (der zwischen 1949 und 1961 jedes Jahr hier war!), Marc Chagall, Alberto Moravia, Richard Strauss, Max Reinhardt oder Bruno Walter. Noch heute schätzen die Grössen des Film- oder Show-Biz die dezente Atmosphäre und die Diskretion des Hauses sehr. So kamen auch Fred Zinnemann, David Bowie, Rod Steward, Michael Redgrave, aber auch Joseph Beuys hierher. Natürlich sind auch die Zimmer dieses überdimensionalen Palastes längst mit allem modernen Komfort ausgestattet. Zur Erholung stehen Hallen- und Freibad, Tennisplätze (in Hallen und im Freien) sowie Mini-Golf und Fitness-Training mit hauseigenem Trainer zur Verfügung. Glücklicherweise haben sich viele Bräuche erhalten: In den zahlreichen Salons und Sälen stehen elegante Möbel der Jahrhundertwende, u.a. im Musiksalon das immer noch funktionstüch-tige »electrische Clavier Welte-Mignon« von 1910 sowie der Steinway-Flügel. Und im hochalpinen Hotelpark, der nahtlos in den Wald übergeht, spielt zwischen alten Bäumen auf einer wunderschönen Wald-Terrasse ein Musiker-Ensemble zum Lunch und zur Tea-Time auf – ganz wie zum eleganten Tanztee der vorletzten Jahrhundertwende.

SPEIS UND TRANK: Im Haus befindet sich natürlich auch ein Restaurant mit gehobener, dem Ambiente angemessener Küche, dessen Speisesaal aus Platzgründen aber in den 70er Jahren umgebaut wurde. Sehr schön und gemütlich ist die vollkommen holzgetäfelte »Arvenstube«, für die Sie einen Platz reservieren sollten! Der erfolgreiche Küchenchef Kurt Röösli orientiert sich mit seiner Karte an dem Marktangebot der Saison. Zu den liebenswürdigen Extras, die dem Gast zuteil werden, gehören auch kleine Bücher, die er mit nach Hause nehmen kann: etwa das »Rezeptbüchlein für Waldhausgäste«, das auf anschauliche Weise einige der schönsten Gerichte des Hauses erklärt und zum Nachkochen zu Hause verführt! Die ausgewogene Karte könnte bieten: Bündner Gerstensuppe mit Gemüse und Bündnerfleisch aus Poschiavo (ein typischer Suppentopf aus der Gegend) CHF 13; luftiges Sauerkraut-Süppchen mit Brotwürfeln CHF 13; Terrine vom Ziegen-Frischkäse aus Soglio auf Strauchtomaten mit eingekochtem Modena-Essig CHF 21; geschmorte Hirschkeule (aus dem nahen Puschlav) nach Enga-diner Rezept mit Steinpilzen und Capuns (mit Spätzleteig gefüllte Mangoldwickel) kleine Portion CHF 26, grosse Portion CHF 36; Zandersteak auf hausgemachtem rotem Sauerkraut mit Safransauce und Salzkartoffeln kleine Portion CHF 26, grosse Portion CHF 35; Birnen- und Mascarponekuchen mit Himbeer-sauce und Williams-Likör CHF 14; warmer Madeira-Weinschaum mit frischen Erdbeeren und Vanille-Eis.

WARME KÜCHE: 7.00 – 23.00 Uhr
PLÄTZE IM RESTAURANT: 240, Grill-Stübli: 30
GARTEN / VERANDAPLÄTZE: 80 im Park
LEITUNG DES HAUSES: Urs Kienberger, Maria und Felix Dietrich
RUHETAG: keiner
BETRIEBSFERIEN: Mitte April bis Mitte Juni und Mitte Oktober bis Mitte Dezember
ANZAHL DER ZIMMER: 150
ZIMMERPREISE: DZ Best: CHF 480 – 650; DZ Standard: CHF 404 – 555; DZ Klein: CHF 332 – 465; EZ Best: 252 – 360; EZ Standard: 212 – 295; EZ Klein: CHF 176 – 250; Junior-Suiten: CHF 544 – 740; Suiten: CHF 760 – 1280. Rabatt ab 11 Übernachtungen in einem Kalenderjahr! Dazu gibt es freie Kinderbetreuung für 3- bis 12-Jährige, im Sommer alle Bergbahnen, Sessellifte und öffentlicher Verkehr im Preis inbegriffen.

SPORTMÖGLICHKEITEN:
– IM/AM HAUS: eigene Tennishalle, 3 Tennisplätze im Freien,

Hallenbad, Fitness-Raum mit Trainer, Fitness-Parcours im Park; Segeln und Surfen auf dem Silser See gleich unterhalb des Waldhauses, Spielzimmer, Spielplatz im Freien.
– IN DER NÄHE: Golfplatz (18-holes) bei Samedan (16 km), Skifahren (Sils hat mehrere Lifte und Verbindung zum Corvatsch-Gebiet), Langlauf, Eislaufen und Curling im Dorf (in St. Moritz Kunsteisbahn); Sommer-Skifahren auf dem Diavolezza bei Pontresina. Wandern (vom einfachen Spaziergang bis zur organisierten Hochgebirgstour mit Führer ist das Wandern eine Spezialität des Hauses!) Ausserdem gibt es im Hotel für den Sommer eine Wanderleiterin, die Touren ausrichtet und Sie auch begleitet.

BEMERKENSWERTES: Im Juli und August bringen die Engadiner Konzertwochen zahlreiche namhafte Künstler und ganze Orchester in die Dörfer des Engadins. Am Sonntagnachmittag findet auf der Wiese neben dem Dorfplatz ein Kurkonzert statt. Im Hotel wird ein umfangreiches Kulturprogramm geboten mit Theater, Konzerten (Klassik und Jazz), aber auch Lesungen prominenter Autoren wie etwa Donna Leon.

Interessant sind die grossen Pferderennen auf dem St. Moritz See an den ersten drei Sonntagen im Februar sowie das Schlittenhundrennen in Sils. Empfehlenswert ist es, sich vorab den kleinen Kulturkalender vom Waldhaus schicken zu lassen, der übrigens unter dem Motto steht: »Immer mit der Ruhe ... aber es darf ruhig was los sein.«

LA STAILA
7513 SILVAPLANA
TEL:081/828 81 47
FAX:081/828 91 51

ANREISE: Autobahn Chur-S. Bernardino bis Ausfahrt Thusis, Landstrasse über Tiefencastel und den Julierpass bis Silvaplana. Oder durch den neuen Vereina-Tunnel ins Engadin und Landstrasse südwärts über St. Moritz bis Silvaplana.
NAVIGATION: Breite: 46°27,38/ Länge: 9°47,44
ENTFERNUNG NACH: St. Moritz 4 km
KREDITKARTEN: alle gängigen

HISTORISCHES HAUS AUS DEM JAHRE: 1710
BESCHREIBUNG DES HAUSES: Dieses behäbige Engadiner Haus ist eine wirkliche Ausnahme zwischen den oft immensen Hotelpalästen der Gegend. Nur einige Kilometer vom mondänen St. Moritz entfernt, bietet es anheimelnde, winzig kleine, gemütliche Stuben und Salons, in denen Möbel aus dem Biedermeier stehen. Die Zimmer dieses sympathischen, ländlichen Hauses sind – wie die kleinen Salons – oft holzgetäfelt und einige bieten hübsche, schwarze Schmiedeeisen-Betten. Hinter den dicken Mauern des Hauses ist man in Sicherheit, wenn draussen ein Schneesturm tobt! Neben dem Restaurant mit dem hölzernen Jahrhundertwende-Anbau gibt es einen kleinen Gastgarten zwischen schützenden Mauern, in dem auch gegrillt wird. Aber Vorsicht: selbst im Hochsommer sind die Nachmittage, so hoch oben in den Alpen, kühler als man denkt. Zur angenehmen Atmosphäre dieses Hauses

trägt auch die Stimmung bei, die hier vorherrscht: eine freundliche Gelassenheit, die die Hausherrn ebenso in sich zu tragen scheinen, wie das sympathische Servicepersonal.
SPEIS UND TRANK: Der Hausherr bietet als Küchenchef einheimische Spezialitäten an wie auch gehobene, eher internationale Küche.

PLÄTZE IM RESTAURANT: 60
GARTEN / VERANDAPLÄTZE: 35
LEITUNG DES HAUSES: Else und Helmut Kuen
RUHETAG: keiner
BETRIEBSFERIEN: standen noch nicht fest: bitte nachfragen!
ANZAHL DER ZIMMER: 20
ZIMMERPREISE VON: EZ: CHF 65 - 120, DZ: CHF 220
SPORTMÖGLICHKEITEN IN DER NÄHE: Skifahren, Langlauf, Eislauf, Curling, Schlittenfahren, Eisstockschiessen, Hockey, Spazieren. Im Sommer: Segeln, Surfen, Wandern, Sommerski, Fischen, Golfplatz.

BEMERKENSWERTES: Der Ort hat neben einer Reformierten Kirche mit Fresken einen wunderschönen See zu bieten, der sehr einladend aussieht. Allerdings dürfte er hier, in 1800 m über dem Meer, zum Schwimmen viel zu kalt sein, weshalb Sie lieber wandern als schwimmen sollten!

RESTAURANT IM KEHLHOF
SEESTRASSE 191
8712 STÄFA (KEHLHOF)
TEL: 01/926 11 55
FAX: 01/926 80 49

ANREISE: Von Norden: Autobahn Zürich-Jona bis Jona, N17 bis Kehlhof. Von Süden: Autobahn Chur-Zürich bis Ausfahrt Pfäffikon über Rapperswil und Jona nach Kehlhof.
NAVIGATION: Breite: 47°14,17/ Länge: 8°43,30
ENTFERNUNG NACH: Zürich 25 km, Jona 9 km, Stäfa 1 km
KREDITKARTEN: American Express, Eurocard, Visa

HISTORISCHES HAUS: um 1788
BESCHREIBUNG DES HAUSES: Dieses hübsche Haus an der Landstrasse, mit den grossen alten Bäumen davor, war früher Pferdewechselstelle zwischen Zürich und Rapperswil. Seit 1842 befindet sich in seinen Räumen ein Gasthof, der heute eher ein gediegenes Restaurant ist. Hübsch ist das Speisesäli mit den schön gedeckten Tischen, Bildern, Wandteppich und Ofen. Zwischen den aufwendig lasierten Holztäfelungen dieses Hauses ist die Atmosphäre sehr gepflegt. Der Hausherr, Herr Weinem, ist eigentlich Kölner, lebt aber schon seit 1962 in dieser Region. Er erbaute eigenhändig eine der Attraktionen dieses Hauses: das wetterfeste Zelt, das sich bei aufkommendem Regen einfach über den auf der schön schattigen Terrasse sitzenden Gästen schliessen lässt!
SPEIS UND TRANK: Gehobene Küche, deren guter Ruf längst über die Region hinaus bekannt ist. Deshalb sollten Sie bes-

ser vorher einen Tisch reservieren. Das Haus bietet verschiedene, teils vielgängige Menüs, etwa das dreigängige Fischmenü von Meeresfischen zu CHF 69 bis 79 pro Person oder das Gourmetmenü mit vier Gängen zu CHF 98 bis 110 pro Person, empfehlenswert ist auch das Menu Surprise mit 6 Gängen für CHF 138. Die Weinkarte bietet gute Tropfen aus der Schweiz, aber auch aus Frankreich und Italien. Aus der Region: die Gewächse von der Stäfner Sternenhalde.

ÖFFNUNGSZEITEN: 12.00 - 14.30 Uhr, 18.30 - 0.30 Uhr
WARME KÜCHE: 12.00 - 14.30 Uhr, 18.30 - 21.30 Uhr
PLÄTZE IM RESTAURANT: 24
GARTEN / VERANDAPLÄTZE: 40
LEITUNG DES HAUSES: Uwe Weinem
RUHETAG: Dienstag, Mittwoch
BETRIEBSFERIEN: 14 Tage Anfang März, 14 Tage Anfang September

BEMERKENSWERT: Neben Küche und Ambiente ist auch die besondere Lage am Zürichsee hervorzuheben!

RÖSSLI
BAHNHOFSTRASSE 1
8712 STÄFA
TEL: 01/926 57 67
FAX: 01/926 69 18
homepage: www.roesslistaefa.ch

ANREISE: Von Norden und Westen: Autobahnabzweig von Zürich nach Uster. Landstrasse über Egg und Oetwil nach Stäfa am Zürichsee. Von Zürich: Landstrasse 17 über Küsnacht und Meilen nach Stäfa. Von Osten und Süden: Autobahn N3 Sargans – Zürich ab Ausfahrt Pfäffikon, Landstrasse über Rappelswil nach Stäfa.
NAVIGATION: Breite: 47°14,20/ Länge: 8°43,37
ENTFERNUNG NACH: Jona 9 km, Zürich 22 km
KREDITKARTEN: Visa, Eurocard

HISTORISCHES HAUS: aus dem 17. Jahrhundert
BESCHREIBUNG DES HAUSES: Das »Rössli« in Stäfa ist sicher einer der aussergewöhnlichsten »historischen« Gasthöfe der Schweiz: 1974 wurde das »Rössli« von einem Kollektiv im Pachtverhältnis übernommen, 1980 dann, als die bisherigen Besitzer das Gebäude abstossen wollten und die Zukunft des Projektes ungewiss war, vom Kollektiv gekauft. Das »Rössli« besteht inzwischen aus mehreren Facetten, die alle unlösbar miteinander verknüpft sind: Da ist einerseits die »Beiz«, ein ganz einfaches, lockeres Lokal im 1. Stock, in schönen, holzgetäfelten Stuben. Lange, von den vielen Gästen glatt polierte Tische und Bänke verführen zu Gesprächen mit Fremden; Zweiertischlis gibt es hier nicht, und das »Du« wird allen Gäs-

ten unterschiedslos angetragen. Andererseits ist da aber auch das »Kultur-Karussel«: seit mehr als 15 Jahren gehen nun schon Gigs, Szenen, Flipps und Flopps über die Bühne im Saal des Anbaus, der zum Haus gehört. Hier herrscht die Farbenpracht eines Jahrmarkts und Pantomimen lösen schwarze Jazzer ab, Filmvorführungen folgen auf Frauenfeste, Dichterlesungen auf Punk. Die berühmte Georgette Dee war häufig hier und alle können Vorschläge einbringen. Trotz des Erfolges und der Tatsache, dass die »Alternativszene« die Schweiz ebenso verändert hat wie die unsere, ist das »Rössli« immer noch eine Genossenschaft und gehört den vielen Menschen, die hier arbeiten. Angenehm und vollkommen unkompliziert ist die Atmosphäre in den beiden schönen Sälis im Obergeschoss, wo Thonet-Stühle und eine bunte Gästemischung eher an Pariser Institutionen wie das »Chartier« erinnern, denn an einen ländlichen Gasthof.

SPEIS UND TRANK: In der Küche des »Rössli« gibt es keinen Küchenchef. Auch hier hat sich der Kollektivcharakter des Projektes erfolgreich halten können: etwa fünf bis sechs Männer und Frauen besprechen die Gerichte und fertigen sie an. Dabei ist bei allen Produkten die Herkunft (soweit möglich aus biologischem Anbau, oder – beim Fleisch – von Weidland-Produzenten oder dem Dorfschlachter) sehr wichtig. Wie das Speiseangebot, so ist auch die Getränkekarte vielseitig und bietet Bio-Moscht ebenso wie einheimische Fruchsäfte, offene Tees, diverse Sprudel- und Mineralwasser, Liqueure, Schnäpse und diverse Biere. Eine besondere Stärke des Hauses ist der Wein, der von kleinen Eigenkelterern im In- und Ausland bezogen wird. Flaschenweine sind oft erstaunlich preisgünstig, und alle Weine werden auch im Offenausschank angeboten, damit Sie sich orientieren können, bevor Sie wählen. Die täglich wechselnde Karte bietet ganz verschiedene Gerichte. Wochentags gibt es auch ein Mittagsmenü. Für alle Speisen gilt, dass die Preise schon aus politischen Gründen niedrig gehalten werden. Eine Spezialität: Die frischen hausgemachten Pastagerichte CHF 15 bis 21; Hannas Griespudding mit Saisonfrüchtekompott CHF 8; frische Zürichsee-Fischspezialitäten CHF 18 bis 32.

WARME KÜCHE: 12.00 - 22.00 Uhr
PLÄTZE IM RESTAURANT: 70 (Saal für 40 - 250)
GARTEN / VERANDAPLÄTZE: 20
LEITUNG DES HAUSES: Raymond Bless, Genossenschaft Rössli
RUHETAG: Montag (7-Tage-Betrieb in Vorbereitung)
BETRIEBSFERIEN: Letzte Juli- bis erste Augustwoche (Catering-Betrieb hat keine Sommerpause)
ÖFFNUNGSZEITEN: 10.30 - 0.30 Uhr
ANZAHL DER ZIMMER: keine
SPORTMOGLICHKEITEN IN DER NÄHE: Schwimmen, Segeln, Rudern, Wandern, Reiten

BEMERKENSWERTES: Stäfa ist die grösste Weinbaugemeinde am Zürichsee. Die grossen Rebberge sind die »Sternenhalde« und der »Lattenberg«. Sie sollten also einen einheimischen Wein probieren – auch den gibt es im »Rössli« natürlich.

LANDGASTHOF UND METZGEREI ZUM STEG
8496 STEG IM TÖSSTAL
TEL: 055/245 11 61

homepage: www.landgasthof-steg.ch

ANREISE: Von Norden: Landstrasse 15 von Winterthur südwärts über Turbenthal bis Steg. Von Süden: Landstrasse 15 von Jona nordwärts bis Steg. Von Westen: Autobahnabzweig Zürich-Jona bis Wetzikon, Landstrasse über Bäretswil und Neuthal bis Bauma, hier die 15 südwärts bis Steg. Von Osten: Autobahn St. Gallen-Winterthur bis Wil, Landstrasse südwärts über Kirchberg und die Hulftegg bis Steg.

NAVIGATION: Breite: 47°21,01/ Länge: 8°56,06
ENTFERNUNG NACH: Winterthur 23 km, Jona 17 km, Bauma 5 km
KREDITKARTEN: keine

HISTORISCHES HAUS: aus dem 16. Jahrhundert
BESCHREIBUNG DES HAUSES: Mitten im schönen Tösstal taucht plötzlich das imposante Dach dieses Landgasthofes auf und noch heute gehört eine Metzgerei dazu. Seit mehr als 40 Jahren ist dieses Haus in Familienbesitz. Unter der schweren Holzdecke mit den völlig schiefen Balken bietet Hausherr Heinz Diggelmann gute, bodenständige Küche und gehobene Gerichte in angenehmem, ländlichem Ambiente. Er ist Mitglied der Federation Cuisinier Exclusive d'Europe, die es sich zum Ziel gesetzt hat, die Regionalküchen Europas zu stärken. Hübsch sind die Tische im Freien unter Bäumen und Sonnenschirmen. Auch wenn die Landstrasse nicht weit entfernt verläuft, wird es hier eher still bleiben ...

SPEIS UND TRANK: Besonders gut ist hier das Fleisch, denn es kommt aus der eigenen Metzgerei, ist frisch und von hoher Qualität. Die Karte hält sich an die Jahreszeiten. Frische Landeier mit Schinken oder Speck; Buurespeck hausgemacht am Stück oder geschnitten; Oberländerteller mit Rohschinken, Siedfleisch und Käse; zahlreiche Fleischgerichte wie Entrecôte u.ä. zu günstigen Preisen. Meringue mit Rahm; Caramelknöpfli mit Rahm. Auch empfehlenswert ist das Pilgermenü. Gute Schweizer Weine, zahlreiche gute Flaschenweine.

WARME KÜCHE: 11.00 – 23.30 Uhr durchgehend
PLÄTZE IM RESTAURANT: 28, 45 in den Stuben; Saal: 80
GARTEN / VERANDAPLÄTZE: 80
LEITUNG DES HAUSES: Heinz Diggelmann
RUHETAGE: Restaurant – Montag und Dienstag
BETRIEBSFERIEN: Februar
ANZAHL DER ZIMMER: 3 Doppel-, 1 Einzelzimmer, 1 Ferienwohnung für 4 Personen, für grössere Gruppen werden Übernachtungsmöglichkeiten organisiert.
ZIMMERPREISE: CHF 60 pro Person mit reichhaltigem Frühstück, Gruppenrabatt ab 15 Personen
SPORTMÖGLICHKEITEN IN DER NÄHE: Ski, Schwimmen, Wandern

BEMERKENSWERTES: Von Steg aus führt eine kleine Landstrasse zur Hulftegg hinauf (953 m) und durch eine unglaublich ruhige, stille, wie unberührte Landschaft von grosser Sanftheit. Einige Kilometer, die sicher zu den schönsten in diesem Teil der Schweiz gehören! Besonders schön ist der Weg zu Fuss ...

HOTEL RHEINFELS
RHIGASS 8
8260 STEIN AM RHEIN
TEL: 052/741 21 44
FAX: 052/741 25 22

ANREISE: Von Westen: Landstrasse 13 von Schaffhausen nach Stein. Von Osten: Landstrasse 13 von Kreuzlingen nach Stein. Das Hotel liegt direkt am nördlichen Brückenkopf der Rheinbrücke von Stein, direkt in der Altstadt und am Rheinufer.
NAVIGATION: Breite: 47°39,32/ Länge: 8°51,32
ENTFERNUNG NACH: Schaffhausen 19 km, Kreuzlingen 30 km
KREDITKARTEN: alle gängigen

HISTORISCHES HAUS AUS DEM JAHRE: 1508
BESCHREIBUNG DES HAUSES: Stein war immer schon ein wichtiger Umschlagplatz der Rheinschiffahrt und in diesem Gebäude befand sich schon im Mittelalter das Gredhaus, ein Wasserzoll- und Lagerhaus, das vor allem Salzstapel war. 1493 ging es vom Kloster St. Georgen in den Besitz der Stadt über. 1508 bis 1517 wurde der spätgotische Neubau errichtet, in dem sich noch heute das Hotel befindet. Im 1. Stock wurde auf der Ostseite die »Teutsche Knabenschul« eingerichtet. Der Vorbau zum Rhein diente bis 1830 als »Herrenstube« der Zunft zum Kleeblatt. Als 1848 die Inlandszölle aufgehoben wurden und die Eisenbahn in den 70erJahren des vorigen Jahrhunderts schliesslich für den Niedergang der Rheinschiffahrt sorgte, wurde das Gebäude wieder verkauft. 1873 erwarb es der

Hutmacher Jakob Graf, der mit seinem Sohn das Gebäude in die Wirtschaft und das Gasthaus »Zum Rheinfels« verwandelte. Seit 1954 ist der Rheinfels im Besitz der Familie Schwegler. Viele Räume und Details lassen noch heute die Jahrhunderte spüren, die dieses Gebäude schon überstanden hat, und erinnern an 400 Jahre Geschichte. Modern, aber liebevoll und ganz individuell sind die Gästezimmer, die einen wunderschönen Blick auf den Rhein bieten. Romantisch ist das Dachgeschoss. In den Zimmern herrscht der Standard eines angenehmen Hauses der gehobenen Klasse. Sehr schön ist auch die Rheinterrasse.

SPEIS UND TRANK: Der Hausherr fischt und jagt selbst im eigenen Revier. Bestimmte Fische gibt es nur nach Fang, so etwa die Rheinesche, einen Fisch, der als ganzer serviert wird, und den es nur gibt, wenn das Wasser kalt ist! Die ganze Karte orientiert sich an den Jahreszeiten und dem natürlichen Angebot: Gedämpfte Zanderfilets mit Rheinfelsbuttermischung und frischen Kräutern im Ofen überbacken CHF 38.90; verschiedene gebackene Fischfilets (je nach Fang) mit pikanter Knoblauchmayonnaise CHF 38.90; Felchenfilets an sämiger Weissweinrahmsauce mit frischen Champignons CHF 37.90; Felchenfilets mit Zitronen und Kapern CHF 35.50 (alle Fischspezialitäten mit Salzkartoffeln).

WARME KÜCHE: 11.00 – 14.00 Uhr u. 17.30 – 21.30 Uhr
PLÄTZE IM RESTAURANT: 85 in 4 Räumen
GARTEN / VERANDAPLÄTZE: 120
LEITUNG DES HAUSES: Familie Schwegler
RUHETAG: Mittwoch; durchgehend geöffnet: Juli, August

BETRIEBSFERIEN: Ende Dezember bis Anfang März
ÖFFNUNGSZEITEN: 7.00 - 23.30 Uhr
ANZAHL DER ZIMMER: 16
ZIMMERPREISE: EZ: CHF 130, DZ: CHF 180
SPORTMÖGLICHKEITEN IM/AM HAUS: Direkt neben der Brücke können Sie in den Rhein springen, sie wären im Sommer bestimmt nicht allein. Das Wasser ist frisch und sauber und die Strömung trägt Sie stetig vorwärts!

BEMERKENSWERTES: Stein ist eine wunderschöne kleine Stadt mit völlig intaktem historischen Kern, besonders hübsch sind die reich bemalten Erkerhäuser am Marktplatz, und auch das spätgotische, dem Hotel benachbarte Benediktinerkloster St. Georgen, dem dieses Haus früher ja sogar gehörte. Die Klosterkirche, die heute Stadtkirche ist, wurde um 1100 erbaut.

GASTHOF ZUM KREUZ
MARKTGASSE 9
3454 SUMISWALD
TEL: 034/431 15 26
FAX: 034/431 32 27
e-mail: kreuz@kreuz-sumiswald.ch
homepage: www.kreuz-sumiswald.ch

ANREISE: Von Richtung Bern: Autobahn N1 Richtung Norden bis Ausfahrt Kirchberg, über Burgdorf auf der 23 nach Sumiswald. Von Luzern: Landstrasse 2a über Wolhusen und Willsau bis zur 23, links in Richtung Huttwil, weiter bis Sumiswald.
NAVIGATION: Breite: 47°01,41/ Länge: 7°44,49
ENTFERNUNG NACH: Luzern 65 km, Bern 36 km, Burgdorf 11 km
KREDITKARTEN: alle gängigen

HISTORISCHES HAUS AUS DEM JAHRE: 1664
BESCHREIBUNG DES HAUSES: Dieses wunderschöne Haus aus dem 17. Jahrhundert mit seinem für das Emmental typischen Giebel und dem übergrossen Dach, ist sicher einer der hübschesten alten Gasthöfe der Region. Hier befand sich immer – wie auch heute noch – ein Gasthof mit eigener Landwirtschaft, und über viele Jahre hinweg auch die Posthaltestelle der Strecke Bern – Luzern. Vor dem Haus ist eine hübsche, kleine Terrasse. Hinter der wunderschönen Holzfassade mit dem leuchtend bunten Blumenschmuck kommen Sie gleich links in die verschiedenen, gemütlichen Gaststuben. An gepflegten, weiss gedeckten Tischen können Sie hier die gute,

ausgewogene Küche des Hausherrn geniessen und sich in ruhiger, angenehmer Atmosphäre freundlich umsorgen lassen.

SPEIS UND TRANK: Der Hausherr bietet feine Gerichte, die er aus Produkten des Emmentals zubereitet. Grundlage ist jeweils das Marktangebot der Jahreszeiten.

WARME KÜCHE: 11.00 – 23.00 Uhr durchgehend
PLÄTZE IM RESTAURANT: 170 in vier Räumen; 250 (im Saal)
GARTEN / VERANDAPLÄTZE: 32
LEITUNG DES HAUSES: Familie Nyffeler-Eisenhut
RUHETAG: Mittwoch, Dienstag ab 14 Uhr
BETRIEBSFERIEN: 1.2. – 15.2.
ÖFFNUNGSZEITEN: 8.00 – 23.30 Uhr
ANZAHL DER ZIMMER: keine

BEMERKENSWERTES: Sumiswald – mitten im Emmental – ist nicht nur schön gelegen, es ist auch reich an historisch Sehenswertem: Da gibt es die spätgotische Dorfkirche mit Glasgemälden aus dem 16. und 17. Jahrhundert, aber auch zahlreiche prachtvolle Holzhäuser im typischen Baustil dieser Landschaft. Und auf einer Anhöhe ausserhalb des Dorfes, in Richtung Wasen, liegt die ehemalige Deutschritterkomturei aus dem 13. Jahrhundert, die im 18. Jahrhundert umgebaut wurde und heute ein Pflegeheim birgt.

SCHLOSSHOTEL CHASTÈ
7553 TARASP
TEL: 081/861 30 60
FAX: 081/861 30 61
e-mail: Chaste@bluewin.ch
homepage: www.relaischateaux.ch/chaste

ANREISE: Durch den Vereina-Tunnel ins Engadin, Landstrasse nordwärts bis Scuol. Hier bergauf in Richtung Tarasp-Fontana und Tarasp-Sparsels. Gleich unterhalb des weit sichtbaren Schlosses liegt das Schlosshotel am kleinen Hauptplatz von Tarasp-Sparsels.
NAVIGATION: Breite: 46°46,46/ Länge: 10°15,51
KREDITKARTEN: alle gängigen

HISTORISCHES HAUS AUS DEM JAHRE: 1480
BESCHREIBUNG DES HAUSES: Es gibt Orte, die unserer Zeit enthoben zu sein scheinen – Tarasp ist ein solcher: umgeben von Wiesen auf sanften Hängen, Baumwipfeln und der Monumentalität des Hochgebirges. Auf seiner Hügelkuppe, überragt vom mächtigen Schloss, wirkt dieser Flecken wie die liebevolle Illustration zu einem romantischen Buch. Hier spielen Märchen der freundlichen Art. Das schönste Haus am Platz ist das »Chastè«, und da wir, anders als das Gros der Menschen im vorletzten Jahrhundert, mehr als nur einen Winkel kennen, wissen wir, dass es nicht nur hier das schönste Haus ist, sondern überhaupt eines der attraktivsten und angenehmsten der Schweiz.
1480 wurde dieses Haus von drei Brüdern der Familie Pazeller als Bauernhaus gebaut. Einst hiess der Hof »Muntanatsch« und

war einer der grössten landwirtschaftlichen Betriebe in Tarasp. Im Jahre 1912 begann eine neue Geschichte: Damals ergänzte Anton Pazeller, Grossvater des heutigen Besitzers, die heimische Landwirtschaft durch eine kleine Schenke und einen Lebensmittelladen. Diese Veränderung bot sich an, weil damals am Schloss gebaut wurde, und die Bauarbeiter, die versorgt werden mussten, eine zusätzliche Klientel bildeten. 1916, die Arbeiten am Schloss waren inzwischen beendet, erweiterte die Familie Pazeller die Schenke, indem sie die »Schlossstube« anbaute. Trotzdem wurde weiterhin auch Landwirtschaft betrieben. Erst 1963 nahm der Vater von Rudolf Pazeller Abschied von der Landwirtschaft und konzentrierte sich ganz auf den Tourismus.

Heute führen Rudolf und Daniela Pazeller das Schlosshotel »Chastè«, und sie führen es mit ganzer Seele. Mit viel Liebe, Geduld, Behutsamkeit und Glück ist es ihnen gelungen, aus dem Haus ihrer Ahnen ein 4-Sterne-Hotel zu zaubern. Die in Jahrhunderten gewachsene Bausubstanz haben sie mit behaglichem Luxus kombiniert – und der Gast kann heute u.a. eine wunderbare Suite mit Schlossblick geniessen, wo früher die Kinderzimmer lagen, in denen auch Herr Pazeller noch aufwuchs. Das alles mag wohl auch deshalb so geglückt sein, weil Rudolf Pazeller gern zeichnet und malt, und weil er seine Heimat liebt, und sich freut wenn er sieht, dass seine Gäste sich bei ihm zu Hause fühlen. Und das kann er bei jedem Rundgang zur Kenntnis nehmen: Ganz als seien sie wie in einem Märchen verzaubert, strahlen seine Gäste eine stille, tiefe Zufriedenheit aus.

SPEIS UND TRANK: Zum wunderbaren Haus gehört auch eine wunderbare Küche: »Maitre-Rôtisseur« Rudolf Pazeller wirkt hier selbst, und bekennt sich dabei engagiert aber in gemässigter Form zur Linie der »Neuen Küche«. Der Chef des Hauses bietet exquisite Menus und à-la-carte-Gerichte, minutiös zubereitet und schon für's Auge ein Genuss. Wen wundert's da, dass Rudolf Pazeller damals anlässlich der Krönungsfeierlichkeiten für den Schah von Persien als Koch in die Wüstenzeltstadt Persepolis berufen wurde. U.a. könnten angeboten werden: Sursilvaner Krautwickel mit Speckstreifen CHF 22; Eierschwämmli aus den umliegenden Wäldern mit Eschalotten und Kräutern CHF 21; Lauwarme Langoustinen und Riesencrevetten an Ingwer und Noilly Prat mit Frühlingsröllchen CHF 28; Entenbrust- und Leberschnitzel gebraten an Portwein-Ingwersauce mit Rotkraut 160 g: CHF 42/ 110 g: CHF 32; Steinbuttfilet grilliert mit südländischer Garnitur und Olivenemulsion CHF 44/ CHF 34; Holunderblütensorbet mit Champagner und Cassisliqueur CHF 13; Mandelkrokant-Mousse mit Beeren CHF 14. Preislich interessant ist das Wahlmenü; die Dame des Hauses, Daniela Pazeller, berät Sie gerne und überaus freundlich!

WARME KÜCHE: 12.00 - 14.00 Uhr, 18.30 - 21.30 Uhr
PLÄTZE IM RESTAURANT: 60 in 3 Stuben
GARTEN / VERANDAPLÄTZE: 25
LEITUNG DES HAUSES: Daniela und Rudolf Pazeller
RUHETAG: Montag und Dienstag (nur Restaurant)
BETRIEBSFERIEN: nach Ostern - Ende Mai und 22.10. - 20.12.
ANZAHL DER ZIMMER: 20, 7 Suiten; die Einzelzimmer sind übrigens sehr hübsch!
ZIMMERPREISE: EZ: CHF 175 - 222; DZ: CHF 170 - 212; Suite: CHF 212 - 232, Panoramasuite: ab CHF 240 (pro Person, inkl. Frühstücksbuffet und 6-gängiges Wahlmenü am Abend); Wochenpauschalen erfragen
SPORTMÖGLICHKEITEN
- IM/AM HAUS: Fitnessraum, Sauna, Solarium, Whirlpool und Biosauna, Dampfbad, Massage
- IN DER NÄHE: Golfplatz Vulpera und Freibad, Minigolf

BEMERKENSWERTES: Tarasp liegt auf einer Sonnenterrasse auf 1470 m Höhe. Gleich neben dem Weiler thront Schloss Tarasp (erbaut 1040), der wohl markanteste mittelalterliche Herrensitz des Unterengadins. Seine grandiosen Mauern hat der Gast im Chastè stets vor Augen: Sowohl von vielen der Zimmer aus, als auch im wunderbaren Garten mit Blick ins Tal, in dem Liegestühle zum Erholen auffordern. Wer nicht nur die Aussenmauern des Schlosses sehen will: Die imposante Feste kann auch besichtigt werden. Im Juli und August finden darüberhinaus im Schlosshof Freilichtspiele statt. Nicht weit ist es auch zu den berühmten Heilquellen von Tarasp-Vulpera, die besonders starke Mineralquellen sind. Dieses »Karlsbad der Alpen« bietet unter anderem die »Büvetta-Trinkhalle Tarasp«.

HOTEL KRONE
LANDSGEMEINDEPLATZ
9043 TROGEN IM APPENZELLERLAND
TEL: 071/343 60 60
FAX: 071/344 43 76

ANREISE: Von Westen und Norden: von St. Gallen auf der Landstrasse Richtung Speicher – Altstätten bis kurz hinter Speicher. Von Osten und Süden: Autobahn N1 Chur – St. Gallen bis Ausfahrt Rheineck. Landstrasse über Wolfhalden, Heiden und Wald bis Trogen.
NAVIGATION: Breite: 47°24,29/ Länge: 9°27,58
ENTFERNUNG NACH: Lustenau (A) 32 km, St. Gallen 10 km
KREDITKARTEN: alle gängigen

HISTORISCHES HAUS AUS DEM JAHRE: 1727
BESCHREIBUNG DES HAUSES: Trogen und vor allem der weite Landsgemeindeplatz mit seinen prunkvollen, eigentlich viel zu üppigen, grossen Gebäuden, verdankt sein Gesicht der Familie Zellweger, die durch die Leinwandherstellung reich wurde und ihre grösste Zeit während des Barock erfuhr. Die »Krone«, 1727 erbaut, war das zweite prächtige Haus, das sie sich als Denkmal erbaute. 1767 wurde dieses aufwendig bemalt, wobei zu bemerken ist, dass die ganze Fassade 1870 weiss übertüncht wurde und erst 1955 wieder die Originalbemalung erhielt! Seit 1900 ist dieses wunderschöne Haus im Besitz der Familie Böhm, die sich seit vielen Generationen liebevoll darum kümmert. Der Eingangsbereich ist modern gestaltet und im ersten Stock gelangen Sie zu den hübschen, holzgetäfelten Stuben mit Einbauschränken und gemütlichen

Ecken. Zu den Essenszeiten scheinen diese bescheiden wirkenden Räume vor lauter Leben fast zu platzen; wenn es nachmittags wieder stiller wird, spürt man, wie angenehm die Atmosphäre von Restaurant und Hotel ist. Neben den vielen Stammgästen, Familien mit Kindern und zufällig Durchreisenden, waren auch Henry Kissinger und Lothar Späth schon hier. Seit kurzem steht die »Krone« unter neuer Leitung.

SPEIS UND TRANK: Die Karte richtet sich nach den Jahreszeiten. Wichtigste traditionelle Spezialität des Hauses ist das Kalbsgeschnetzelte »Züricher Art« mit Rösti und Gemüse.

WARME KÜCHE: 11.45 - 13.45 Uhr, 18.00 - 22.00 Uhr
PLÄTZE IM RESTAURANT: 50 in 2 Räumen
LEITUNG DES HAUSES: Andre Bruder Gastro Trogen GmbH
RUHETAG: Montag und Dienstag
BETRIEBSFERIEN: im Oktober 1-2 Wochen
ÖFFNUNGSZEITEN RESTAURANT: 11.00 - 0.00 Uhr
ANZAHL DER ZIMMER: 3 EZ und 4 DZ
ZIMMERPREISE: EZ CHF 90; DZ: CHF 140
SPORTMÖGLICHKEITEN IN DER NÄHE: Wanderungen und Spaziergänge durch die wunderschöne Umgebung; in Speicher: Hallenbad und Tennisplätze

BEMERKENSWERTES: Am historischen Landsgemeindeplatz finden Sie neben der »Krone« noch weitere Bauwerke der Zellwegers. Gegenüber steht die Kirche von 1779-81, die mit ihrer üppigen Innenbemalung, im Einflussbereich des Reformators Ulrich Zwingli, durchaus eine Besonderheit darstellt. Auch sie wurde von der Familie Zellweger gestiftet!

GASTHOF LÖWEN
HERRENGASSE 35
9490 VADUZ
TEL: 00423/238 11 44
FAX: 00423/238 11 45
e-mail: loewen@hotels.li
homepage: www.hotels.li/loewen

ANREISE: Autobahn N13 St. Gallen - Chur bis Ausfahrt Sevelen, auf der Landstrasse ostwärts nach Liechtenstein und Vaduz. Von der Zollstrasse, über Heiligkreuz, Städtle oder Aeulestrasse, vorbei an Regierung und Rathaus in die Herrengasse. Der Gasthof liegt links der Strasse.
NAVIGATION: Breite: 47°08,35/ Länge: 9°31,08
ENTFERNUNG NACH: Buchs 6 km, Feldkirch (A) 14 km
KREDITKARTEN: alle gängigen

HISTORISCHES HAUS: Nachweis ab 1388
BESCHREIBUNG DES HAUSES: Dieser stattliche Gasthof, neben Weinbergen, hat eine ebenso stattliche Geschichte: Er gilt als das älteste Hotel des Fürstentums Liechtenstein - immerhin kehrt hier seit mehr als 600 Jahren ein, wer nach Liechtenstein reist, oder - wie Goethe auf dem Weg nach Italien - durch das Fürstentum kommt. Noch heute trägt ein Teil der Weinberge rings um den »Löwen« die Namen der Familien, die einst auch den Gasthof betrieben. Aus dem einfachen Gasthaus ist längst ein stilvolles Hotel und Restaurant geworden, in dem die Spuren der Vergangenheit mehr sind als blosse Staffage. In der Gaststube befindet sich zum Beispiel ein Fresko aus der Zeit zwischen 1550 und 1600, das die

biblische Szene der Anbetung des Jesuskindes durch die Könige zeigt. Dieses kleine Prachtstück ist nicht das einzige besondere Detail dieses Hauses: Andere Räume weisen Deckenmalereien auf, schwere Balken stützen die Decken, und besondere Möbel sorgen in den grossen, wunderschönen Zimmern für unverwechselbare Atmosphäre. Attraktiv sind die Zimmer mit Schlossblick!

SPEIS UND TRANK: In stilvollen Räumen bietet der »Löwen« bodenständig-ausgewogene Küche aus den Zutaten der Region. Die Karte wechselt oft und orientiert sich an den Jahreszeiten. Spezialitäten sind u.a. Lammgerichte CHF 40 – 45; Scampi CHF 70; Seezunge CHF 46; Wild CHF 35 – 55. Danach lockt das gesamte Angebot klassischer Desserts wie Mousse-Variation auf Früchtespiegel, Crèpe Suzette oder Charlotte Russe! Die Weinkarte bietet Gutes aus Liechtenstein, der Schweiz, aber auch Frankreich, Italien, Deutschland, Australien.

WARME KÜCHE: 12.00 bis 14.00 Uhr, 18.00 bis 22.00 Uhr, in der Löwen-Bar bis 23.00 Kleinigkeiten
PLÄTZE IM RESTAURANT: 40
PLÄTZE IM GASTGARTEN: 100
VERANSTALTUNGSRÄUME: Johannes-Stube für 10-14 Personen; Lucrecia-Stube für bis zu 10 Personen; Stöckler-Saal: 80 Personen; Löwen-Torkel für Bankette bis 30 Personen
LEITUNG DES HAUSES: Fritz und Adele Gantenbein
RUHETAG: Sonntag und Montag
BETRIEBSFERIEN: Weihnachten bis ca. 10 Januar

ÖFFNUNGSZEITEN RESTAURANT: 7.00 – 0.00 Uhr
ANZAHL DER ZIMMER: 7 (darunter ein Einzelzimmer)
ZIMMERPREISE: CHF 190 bis 320
SPORTMÖGLICHKEITEN: Hier lockt vor allem die Umgebung: Weinberge, sanfte Landschaft und Vaduz, der schmucke Hauptort des Fürstentums. Ein Golfplatz ist gleich um die Ecke.

BEMERKENSWERTES: In der gemütlichen Bar des Hauses spielt im Winter ab 17.00 Uhr ein Pianospieler, und macht den schönen Raum zu einem der angenehmsten im ganzen (kleinen) Land.

HOTEL DES TROIS COURONNES
RUE D'ITALIE 49
1800 VEVEY
TEL: 021/921 30 05
FAX: 021/922 72 80

ANREISE: Autobahn N9 Lausanne-Montreux bis Vevey. Hotel in der Stadtmitte, am Seeufer (Zufahrt von der Stadtseite her über die rue d'Italie). Parkplatz vor dem Haus.
NAVIGATION: Breite: 46°27,29/ Länge: 6°50,56
ENTFERNUNG NACH: Lausanne 19 km, Montreux 31 km
KREDITKARTEN: alle gängigen

HISTORISCHES HAUS AUS DEM JAHRE: 1842
BESCHREIBUNG DES HAUSES: Schon die Halle des Trois Couronnes ist sicher eine der schönsten Europas: ein langgezogener, glasüberdachter Innenraum mit Springbrunnen und vier Galerien, die mit ihren Verbindungsbrücken auf schweren Faux-Marbre-Säulen ruhen und Aussichten bilden, die aus einem Buch zur Perspektivenlehre sein könnten. Das »Trois Couronnes« war schon seit dem 17. Jahrhundert ein äusserst beliebtes Gasthaus, als sein Besitzer, der Hotelpionier Gabriel Monnet, sich 1842 entschloss, am Ufer des Sees ein heruntergekommenes Schlösschen abzubrechen und dafür eines der ersten grossen Luxushotels Europas zu erbauen. Dem neuen Hotel, das sich von aussen betont schlicht gibt, gab er den Namen des alten Gasthauses. Schon bald galt es als eines der schönsten Palace-Hotels Europas. Nicht nur Kaiser und Könige, Zaren (die russische Zarin blieb 1859 einen ganzen Winter und mietete das gesamte Hotel!) und Prinzen stiegen hier

ab, sondern auch weltberühmte Künstler: Nikolai Gogol schrieb an seinen »Toten Seelen«, Tschaikowsky komponierte, Charles Gounod verfasste einen Grossteil seines »Faust« im »Trois Couronnes« und Camille Saint-Saens führte gemeinsam mit dem weltberühmten Ignacy Paderewski im Hotelsalon seine »Polonaise op.77 für 2 Klaviere« auf. Somerset Maugham, Graham Greene, André Maurois, Thomas Mann und natürlich Charlie Chaplin waren da. Alle grossen Musiker der Welt sind hier, wenn sie nach Vevey kommen, und Peter Bogdanovich wohnte nicht nur hier, sondern drehte auch seine Henry-James-Verfilmung »Daisy Miller«. Noch heute hat das Hotel seine ganz eigene, besonders angenehme Atmosphäre, eine Mischung aus Eleganz und Wichtigkeit, Diskretion und persönlichem Umsorgtsein. Elegant und sympathisch ist das Restaurant im prunkvollen Rahmen des 19. Jahrhunderts. Traumhaft ist die grosse Terrasse über dem See, auf der aufwendig gedeckte Tische im Schatten grosser Bäume stehen und wunderschön die lichtdurchfluteten Zimmer zum See mit stilvoller, sehr geschmackvoller Einrichtung und den schönen Balkonen mit Sonnenmarkisen. Es ist nicht verwunderlich, dass einige Gäste, die es sich leisten können – wie im vorigen Jahrhundert – ein Zimmer »à l'année« mieten und über ganze Monate bleiben. Was für ein Traum!

SPEIS UND TRANK: Wenn Sie hier nicht bleiben können oder wollen, sollten Sie wenigstens eine Mahlzeit im Restaurant oder auf der Terrasse einnehmen. Das Niveau der Küche ist sehr hoch und ganz dem Standard dieses prachtvollen und bescheidenen Palastes angemessen. Dabei sind die Speisen leicht, oft modern und sehr ausgeglichen. Und für das

Niveau des Hauses sind die Preise - vor allem bei den Menüs - durchaus annehmbar. Steinbuttfilet aus dem Atlantik, gedünstet, mit Champagnersauce und Gemüse in Blätterteig CHF 49; Barschfilet aus dem See »à la veveysanne« CHF 44; Kalbskotelett mit Pilzen, verfeinert mit altem Balsamico CHF 42.

WARME KÜCHE: 12.00 - 14.00 Uhr und 19.00 - 22.00 Uhr
PLÄTZE IM RESTAURANT: 50
VERANSTALTUNGSRÄUME: prachtvolle Räume für 5 bis 250 Personen
GARTEN / VERANDAPLÄTZE: 80
LEITUNG DES HAUSES: Pierre-Alain Leresche
RUHETAG: keiner
BETRIEBSFERIEN: keine
ANZAHL DER ZIMMER: 54
ZIMMERPREISE: EZ: CHF 250 - 350, DZ: CHF 350 - 450
SPORTMÖGLICHKEITEN
- IM HAUS: Schwimmbad
- IN DER NÄHE: Tennis, Hallen- und Freibad, Reiten, Windsurfen, Vita-Parcours, Fischen, Alpinski, Langlauf und Golf.

BEMERKENSWERTES: Vevey hat nicht nur ein ganz ausgeprägtes Musikleben, mit zahlreichen Veranstaltungen und Festivals, die sich fast über das ganze Jahr erstrecken, es gibt auch verschiedene Museen: das Musée Jenisch (Kunst und Kantonales Kupferstichbainett), das Musée Suisse d'appareils photographiques (Schweizerisches Fotoapparate-Museum), das Alimentarium (Schweizer Lebensmittel- und Ernährungsmuseum), das Musée du Vieux Vevey (Historisches Museum der Stadt Vevey, im Schloss Chateau de l'Aile, das am Seeufer liegt) sowie das Musée du Jeu (Schweizer Spielemuseum).

PARKHOTEL VITZNAU
6354 VITZNAU
TEL: 041/399 60 60
FAX: 041/399 60 70
e-mail: info@parkhotel-vitznau.ch
homepage: www.parkhotel-vitznau.ch

ANREISE: Von Norden: Autobahn N4 Zürich - Schwyz bis Ausfahrt Küsnacht. Landstrasse bis Vitznau. Von Westen: Autobahn N2 bis Luzern, N14 bis Rotkreuz, weiter auf der N4 Richtung Schwyz, bis Küsnacht, Landstrasse bis Vitznau. Von Süden und Osten: Autobahn N2 St. Gotthard-Luzern bis Ausfahrt Flüelen, Landstrasse N4 über Brunnen nach Vitznau. Von Nordosten: Autobahn N3 Chur- Zürich bis Ausfahrt Wollerau. Landstrasse 8 südwärts über Biberbrugg, Rothenthurm bis Schwyz, von Schwyz nach Brunnen, dort Landstrasse am Ufer des Vierwaldstättersees entlang bis Vitznau.
NAVIGATION: Breite: 47°01,19/ Länge: 8°28,05
ENTFERNUNG NACH: Luzern 25 km, Schwyz 20 km
KREDITKARTEN: alle gängigen

HISTORISCHES HAUS AUS DEM JAHRE: 1900
BESCHREIBUNG DES HAUSES: Dieses Palasthotel der Jahrhundertwende liegt direkt am Ufer des Vierwaldstättersees. Vom ehemaligen Park ist nur noch ein hübscher, sehr gepflegter Garten übrig geblieben - die Atmosphäre hier ist besonders ruhig und angenehm. Rings um das Hotel sind Wälder, Wiesen und der See, auf dem langsam die Raddampfer vorbeifahren. Das schlossähnliche Gebäude war von Anfang an als Hotel konzipiert. Architekt des Hauses war der

berühmte Karl Koller, der bis zum 1. Weltkrieg zahlreiche der berühmtesten Schweizer Luxuspaläste der Epoche entwarf und baute (darunter das Suvretta House in Sankt Moritz sowie das schöne Waldhaus in Sils Mara). An die »Riviera« des Vierwaldstättersees, von der der Schweizer Dichter Spitteler sagte, sie sei wie ein über den Gotthard gesprengtes Stück Süden, setzte er ein weisses Juwel von ausgeglichenen Proportionen, dessen Räume alle lichtdurchflutet und ganz zum Wasser hin geöffnet sind. Überhaupt ist dies ein idealer Ort für die Sommerfrische: Die meisten Zimmer haben Balkone oder Terrassen zum See, der Garten hat stille Winkel und auf der Terrasse werden auch Getränke und Speisen serviert. Das Hotel hat einen eigenen schönen Strand am See, sowie einen kombinierten Freiluft- und Hallen-Pool, der auf 28 Grad geheizt wird. Sauna, eigene Motorboote und Wasserski sind ebenfalls vorhanden.

SPEIS UND TRANK: Zum Hotel gehört auch ein elegantes, stilvoll modernisiertes Restaurant, in dessen gediegenem Rahmen Sie folgendes geniessen könnten: Bretonischer Hummer an bunten Wiesensalaten und aromatischer Kürbiskern-Vinaigrette; St. Peterfisch mit Rotwein-Schalottenbutter an Bouillabaisse-Sauce und Kartoffel-Spiralen; Kalbsfilet-Medaillon auf einem Bett von Pfifferlingen mit Sesamnocken und kleinem Gemüse vom Markt; karamelisierte Kirschenparfait-Canneloni an leichtem Vanilleschaum. Viele Speisen gibt es auch als halbe Portion. Am Pool werden kleinere Speisen und Grillgerichte serviert.

WARME KÜCHE: 12.00 – 23.00 Uhr
PLÄTZE IM RESTAURANT: 50; Bankette bis 180 Personen (in verschiedenen Räumlichkeiten)
RESTAURANT / TERASSENPLÄTZE: 50
LEITUNG DES HAUSES: Peter Bally
RUHETAG: keiner
BETRIEBSFERIEN: Mitte Oktober – Mitte April
ANZAHL DER ZIMMER: 104
ZIMMERPREISE: EZ: CHF 335 – 395; DZ: CHF 470 – 670; Juniorsuite/Suite: CHF 750 – 1650
SPORTMÖGLICHKEITEN
– IM/AM HAUS: Schwimmen im Indoor- und Outdoor-Pool, Sauna, Dampfbad, Fitness, Wasserski, Tennis, Ping-Pong-Tische, Motorboot, Fahrrad
– IN DER NÄHE: Reiten, Segeln, Fischen, Bergwandern in Vitznau; Golf (18-holes) in Küssnacht/Rigi (12 km), Holzhäusern/Zug (20 km) und Dietschiberg bei Luzern (20 km)

BEMERKENSWERTES: Von Vitznau aus fährt die älteste Zahnradbahn Europas auf den Gipfel der Rigi (1797 m). Diesen Ausflug sollten Sie nicht versäumen. Auf dem Vierwaldstättersee sind Schiffsrundfahrten zu geniessen. Im nahe gelegenen Luzern locken jeweils im August und September die Internationalen Musikfestwochen, die erst kürzlich in »Lucerne Festival« umbenannt wurden.

FISCHERSTUBE
MARKTGASSE 9
8872 WEESEN
TEL: 055/616 16 08
FAX: 055/616 12 39

ANREISE: Autobahn Sargans – Zürich bis Ausfahrt Weesen, in den Ort hinein. Die Marktgasse ist eine kleine Seitenstrasse, die vom See weg führt. Die Fischerstube ist in dem Haus untergebracht, das am Ende der Gasse quer vor Ihnen steht.
NAVIGATION: Breite: 47°08,06/ Länge: 9°05,53
ENTFERNUNG NACH: Zürich 51 km, Chur 50 km
KREDITKARTEN: alle gängigen

HISTORISCHES HAUS: um 1860
BESCHREIBUNG DES HAUSES: Das hübsche, architektonisch interessante Weesen liegt in gut geschützter Lage am westlichen Ende des Walensees, der zu den saubersten Seen der Schweiz zählt und von Weinanbaugebieten umgeben ist. Das Klima ist so mild, dass sogar Feigenbäume gedeihen! Kein Wunder, dass sich reiche Engländer auf dem weiten Weg ins Tessin und ins Engadin hier erholten. Mit gediegenen Häuserzeilen, hübscher Promenade, kleinem Hafen und benachbartem Park strahlt das Städtchen noch heute die angenehme Atmosphäre einer entspannenden »Sommerfrische« aus. Es ist beliebtes Ausflugsziel sowohl der Bewohner St. Gallens, als auch der Züricher. Die Grundmauern der »Fischerstube« sind etwa 500 Jahre alt. Nach einem Brand im 19. Jahrhundert musste das Gebäude wieder aufgebaut werden. Die hübschen Stuben im 1. Stock mit Holztäfelungen, liebevoll mit

Silber gedeckten Tischen, kleinen Bildern und schönem Blick auf Gasse und See, atmen denn auch auf angenehmste Weise die Atmosphäre des vorletzten Jahrhunderts. Das Haus war Gastbetrieb und nie wurde Grundlegendes verändert, nur das Alte gehegt und gepflegt. Auch der Empfang ist so freundlich wie die Stimmung in den schönen Stuben.

SPEIS UND TRANK: Die Küche des Hauses zählt zum Besten, was dieser Teil der Schweiz zu bieten hat! Dabei konzentriert sich die Karte natürlich vor allem auf Fisch – einheimische Edelfische, aber auch Meeresfische, die, so weiss es der Herr des Hauses, heute jedes Fischrestaurant im Angebot haben muss. Gemüse und Obst der stark saisonal ausgerichteten Küche sind ebenso frisch. Spezialität des Hauses ist ein gratiniertes Felchenfilet mit Kräutersauce. Dazu ein edler Tropfen: Der ausgezeichnete Weinkeller lockt die Kenner selbst aus weiter entfernten Städten an!

WARME KÜCHE: 11.30 – 14.00 Uhr, 18.00 – 22.00 Uhr
PLÄTZE IM RESTAURANT: 50 in zwei Stuben
GARTEN / VERANDAPLÄTZE: keine
LEITUNG DES HAUSES: Hanni und Dieter Frese
RUHETAG: Montag und Dienstag
BETRIEBSFERIEN: bitte erfragen
ANZAHL DER ZIMMER: keine;

BEMERKENSWERTES: Weesen und seine Umgebung sind so hübsch, dass Sie nicht ohne einen ausgedehnten Spaziergang weiter fahren sollten! Eher eine Wanderung als ein Spaziergang ist der Ausflug ins absolut idyllische Quinten (etwa zweieinhalb Stunden). Dieser Ort am Nordufer des Walensees ist überhaupt nur zu Fuss (oder per Schiff – auch wunderschön) zu erreichen und lohnt die »Strapazen«. Sein Name stammt übrigens von der mittelalterlichen Nummerierung des hiesigen Grundbesitzes der Geistlichen. Am gegenüber liegenden Seeufer gibt es die dazupassenden Orte Terzen und Quarten ...

GASTHOF ZUM TRAUBEN
RATHAUSSTRASSE 1
8570 WEINFELDEN
TEL: 071/622 44 44

homepage: www.trauben-weinfelden.ch

ANREISE: Von Norden: Von Konstanz oder Kreuzlingen Landstrasse über Märstetten bis zur Landstrasse 14, dort ostwärts bis Weinfelden. Von Westen: Autobahnabzweigung Winterthur – Kreuzlingen bis Ausfahrt Müllheim, dann Landstrasse 14 bis Weinfelden. Von Osten: Von Arbon Landstrasse 14 über Amriswil bis Weinfelden. Von Süden: Autobahn Winterthur – St. Gallen bis Ausfahrt Wil, von dort nordwärts auf der 16 bis zur Kreuzung mit der Landstrasse 14, dort ostwärts bis Weinfelden.

NAVIGATION: Breite: 47°34,05/ Länge: 9°06,32
ENTFERNUNG NACH: Winterthur 32 km, Wil 20 km
KREDITKARTEN: alle gängigen

HISTORISCHES HAUS: aus dem 18. Jahrhundert
BESCHREIBUNG DES HAUSES: Das Wirtshaus mitten im Marktflecken birgt einen modernen, grossen Schankraum, aber auch – gleich rechts vom Eingang – zwei ganz kleine historische Stüblis mit nur je 15 Sitzplätzen, hellen Holztäfelungen und schön gedeckten Tischen. Hier lässt sich die gute, bodenständige Küche des Hausherrn geniessen. In der Ecke tickt leise eine Wanduhr und wenn der Blick auf den kleinen Platz vor dem Haus fällt, ist die Illusion perfekt und man wird sich in eine andere Zeit zurückversetzt fühlen. Zum Haus gehören auch 8 Zimmer, geeignet für eine ruhige Zwischenstation.

SPEIS UND TRANK: Der Hausherr bietet Ausgewogenes, leichte Gerichte und Spezialitäten des Thurgau im wechselnden Angebot je nach Saison. Zum Beispiel Rueblischaumsuppe mit Lebkuchengewürz CHF 7.50; weisses Zwiebelsüppchen mit Brotwürfeli und Zimt CHF 8.50; gebratene Milkenschnitte auf Nüsslisalat mit feinem Holunderdressing CHF 13; gebratene Pouletbrüstchen an Rahmsauce mit Gemüsestrudel CHF 26.50; Schweineschnitzel vom Nierstück an Dörrzwetschgensauce, Spinatspätzli, Gemüse CHF 29.50.

WARME KÜCHE: 11.30 - 13.30 Uhr, 17.00 - 22.00 Uhr
PLÄTZE IM RESTAURANT: 80
LEITUNG DES HAUSES: Jürg und Olivia Langer
RUHETAG: Sonntag, Montag bis 17.00 Uhr
BETRIEBSFERIEN: 1. Woche im Februar, ganzer Juli
ÖFFNUNGSZEITEN RESTAURANT: 9.00 - 0.00 Uhr
ANZAHL DER ZIMMER: 8
ZIMMERPREISE: EZ: CHF 85; DZ: CHF 150
SPORTMÖGLICHKEITEN IN DER NÄHE: Tennis und Squash, Vita-Parcours, Hallenbad, Wanderwege, Curling-Center, Eishalle.

BEMERKENSWERTES: Weinfelden ist ein recht hübscher kleiner Flecken im weniger bekannten Hinterland des Bodensees, allerdings umgeben von ländlichen Industriegebieten. Sehenswert ist das mittelalterliche Schloss. Im März findet hier die Wein- und Gourmetmesse Weinfelden statt. Nur 12 Kilometer sind es bis Kreuzlingen und Konstanz.

KRONENHALLE
RÄMISTRASSE 4
8001 ZÜRICH
TEL: 01/251 66 69
FAX: 01/251 66 81

ANREISE: Die Kronenhalle liegt am unteren Ende der Rämistrasse, gleich beim Bellevueplatz, einem Verkehrsknotenpunkt Zürichs, neben Oper und Quaibrücke.
NAVIGATION: Breite: 47°22,26/ Länge: 8°33,00
ENTFERNUNG NACH: Basel 113 km, St. Gallen 81 km
KREDITKARTEN: alle gängigen

HISTORISCHES HAUS AUS DEM JAHRE: 1842
BESCHREIBUNG DES HAUSES: Die Kronenhalle ist eine Legende, doch eine sehr lebendige, und wie seit Generationen, sind hier mittags wie abends alle Tische besetzt. Kein Wunder: Hier stimmt nicht nur die Küche, sondern auch die Räumlichkeiten sind einmalig. 1842 wurde dieses aussergewöhnliche Restaurant als Dependance des »Hotels zur goldenen Krone« gegründet, 1863 dann zum Café und zur Bierhalle umgebaut. Heute schmücken alte Holztäfelungen und die gemalten Wappen der Zünfte die Wände der »Kronenhalle«. Einmalig ist das Restaurant aber vor allem durch die unglaubliche Sammlung moderner Malerei, die sich hier mit der Historie mischt. Da prangen Meisterwerke von Chagall, Mirò oder Bracque auf der dunklen Täfelung und fügen sich zu einem Gesamtkunstwerk. Schon Picasso, Calder, Fellini, Joyce, Beuys oder Jean Tinguely haben sich hier wohlgefühlt, und der grosse Wolfgang Koeppen hat die »Kronenhalle« literarisch verewigt.

Sie haben die Wahl zwischen der eigentlichen »Halle«, oder dem von der Deckenhöhe her deutlich niedrigeren, ebenfalls wunderschönen Nebenraum, wo es sich vor allem auf der roten Bank vor dem Bonnard wunderbar speisen lässt ...

SPEIS UND TRANK: Die »Kronenhalle« hat kontinuierlich hochwertige Schweizer Küche geboten, nicht immer leicht, aber stets hervorragend. Die Karte ist klein, weil ausschliesslich frische Zutaten verarbeitet werden. Das Tagesangebot könnte z.B. sein: Kalbfleisch geschnetzelt Kronenhalle, Rösti CHF 48.50; Entecôte Café de Paris CHF 58; Chateaubriand, Sauce Béarnaise, Rösti, Légumes, 2 Personen CHF 128; Lammcarré provençale, Gratin dauphinois, Légume, 2 Personen CHF 120. Wunderbare Desserts und eine gute Weinkarte runden das Angebot ab.

ÖFFNUNGSZEITEN: 12.00 - 0.00 Uhr
WARME KÜCHE: 12.00 - 23.15 Uhr
PLÄTZE IM RESTAURANT: 170 in zwei Räumen
GARTEN / VERANDAPLÄTZE: keine
LEITUNG DES HAUSES: Gustav Zumsteg
RUHETAG: keiner
BETRIEBSFERIEN: keine (24. Dezember geschlossen)
ANZAHL DER ZIMMER: keine

BEMERKENSWERTES: Zum Haus gehört eine stilvolle Bar, an deren Wände sich ebenfalls Werke der grossen Kunst reihen. Hier werden von 11.30 Uhr bis Mitternacht - also vom Apéritif bis nach dem Theater - Cocktails serviert. Praktisch - immerhin liegt die Oper gleich um die Ecke!

HOTEL SPLÜGENSCHLOSS
SPLÜGENSTRASSE 2
8002 ZÜRICH
TEL: 01/289 99 99
FAX: 01/289 99 98
e-mail: hotel@splugenschloss.ch (nicht mit ue!!!)
homepage: www.splugenschloss.ch

ANREISE: Die Splügenstrasse liegt parallel zum General-Guisan-Quai, zwischen Genfer- und Tunnelstrasse, mitten in Zürich und gleich beim Seeufer. Die Anfahrt zum Hotel erfolgt über die Genferstrasse. Das Hotel liegt direkt an der Ecke Genfer- und Splügenstrasse. Auf Anfrage verschickt oder faxt Ihnen das Haus eine Anfahrtskarte!
NAVIGATION: Breite: 47°21,50/ Länge: 8°31,59
ENTFERNUNG NACH: Basel 113 km, St. Gallen 81 km
KREDITKARTEN: alle gängigen

HISTORISCHES HAUS AUS DEM JAHRE: 1898
BESCHREIBUNG DES HAUSES: In einer stillen Wohngegend, die dennoch nicht weit von der belebten Einkaufsmeile der Bahnhofstrasse und vom Seeufer entfernt ist, liegt dieses Juwel der Jahrhundertwende. Nicht nur die Fassade vermittelt einen Eindruck von Freundlichkeit: Christoph und Ingrid Suter führen ihr Haus mit so viel Liebe, dass die Atmosphäre des ganzen Hotels davon bestimmt wird. Die ehemalige Privatresidenz war schon seit 1939 Hotel. In den letzten Jahren haben die Suters ihr Haus nach und nach wunderbar renoviert und dabei den authentischen Charakter hervorgehoben. Mit viel Fingerspitzengefühl wird bei allen Renovierungsarbeiten

die Substanz des Hauses wieder hergestellt. Vor allem die Deluxe-Zimmer verströmen – mit ihren Parkettböden – den Charme eleganter Belle-Epoque. Auch eine Suite zeigt sich jetzt wieder so, wie »le tout Zürich« vor hundert Jahren es gern hatte. Doch für alle Zimmer scheint das Bestreben da zu sein, leichte Eleganz mit Behaglichkeit, Stil und Wohlbefinden zu vereinen. Selbstverständlich schliesst die Liebe zum historischen Detail nicht aus, dass die Badezimmer jeglichen modernen Komfort bieten, der zu unserem neuen Jahrhundert gehört. Still und doch zentral, überschaubar und gemütlich wirkt dieses Hotel im Stadtpalais fast wie ein »Home away from Home«.

SPEIS UND TRANK: Wer hier nicht wohnen kann, sollte wenigstens im Restaurant des Hauses Platz nehmen! In den Räumlichkeiten mit prachtvoller Holzdecke und hohen Fenstern zu den grünen Strassen des Viertels, werden nicht nur erstklassische Speisen geboten – sondern auch höchster Kunstgenuss: Mit viel Geschick bringen die kunstsinnigen Suters immer wieder grosse Malerei an die Wände. Im Moment findet sich hier eine umfassende Ausstellung der Werke des Montmartre-Meisters Gen Paul, den der grosse Louis-Ferdinand Céline »ein Malgenie« nannte, und der mit Francis Carco, Anouilh und der wunderbaren Arletty befreundet war. Diese Sammlung erhöht durchaus den Genuss an wunderbaren Speisen, zubereitet durch den neuen Küchenchef Arno Kirchmayr. Im stilvollen Rahmen des »Schlossrestaurants« bietet er eine ausgewogene Karte mit klassisch-internationaler Küche. Einige Höhepunkte sind die Minestrone im Gemüsegelee mit knusprigem Speck CHF 29; Variation vom schottischem

Milchlamm CHF 54; Erdbeerhalbgefrorenes mit Pfefferminzschaum CHF 24. Zu empfehlen sind auch die Menus du Jour und die gute Weinauswahl!

WARME KÜCHE: 11.30 – 14.00 Uhr, 18.30 – 22.00 Uhr
PLÄTZE IM RESTAURANT: 60
VERANSTALTUNGSRÄUME: für 30 Personen
LEITUNG DES HAUSES: Ingrid Suter
RUHETAG: keiner
BETRIEBSFERIEN: keine
ANZAHL DER ZIMMER: 50, davon 2 Suiten
ZIMMERPREISE: CHF 295 – 1200, spezielle Wochenendpreise und Packages erfragen
SPORTMÖGLICHKEITEN IN DER NÄHE: bietet ein Fitnessclub. Auch zum Seeufer sind es nur einige Schritte. Dort kann man joggen, aber auch die Badeanstalten besuchen. Ansonsten finden Sie nicht weit vom Stadtzentrum auch Golfplätze und Tennisanlagen.

BEMERKENSWERTES: Zürich! Sie sind hier mittendrin! Wer beim überreichen Zürcher Kulturangebot noch ein »Lockmittel« braucht: Im April findet das traditionelle Frühlingsfest statt, und im Juni und Juli die Zürcher Festspiele.

Lieber Leser dieses Hotelführers,

Wenn Ihnen auf ihren Reisen »Gast-Häuser und historische Hotels« aufgefallen sind, die unbedingt in unsere Bücher aufgenommen werden sollten, dann lassen sie uns dies wissen. Wir freuen uns über ihre Tipps und Hinweise.
Bitte teilen Sie uns auch Ihre Meinung zu diesem Titel mit. Wir sind für Anregungen stets dankbar.

Vielen Dank für Ihre Aufmerksamkeit.
Hoffmann Verlag

Weilimdorfer Str. 76, D-70839 Gerlingen
Postfach 10 01 23, D-70826 Gerlingen
Tel. 0 71 56 / 43 08 39, Fax 0 71 56 / 43 08 27
E-Mail: info@hoffmann-verlag.de
Internet: www.hoffmann-verlag.de

3,49 DM
[illegible] 13